외쳐!

북한 주민의
'자유와 인권'을
위하여

인지연 지음

외쳐!

SHOUT!

백년동안

차례

인권이란 단어조차
없는 곳, 북한!
'북한인권법'
제정하라!
Enact North Korean Human Rights Act

처형 자행

지은이의 말

'북한 주민의 자유와 인권을 위하여!'

자유… 인권….
우리가 숨 쉬듯이 누리는 이 고귀한 가치를 전혀 모르고 사는 이들이 있다. 아니, 사상 최악 세계 최악의 인권유린과 억압 속에서 사는 이들이 있다.
그들은… 나의 형제자매인 북한 주민들.

내 옆에서, 이 순간 맞아 죽고 굶어 죽고 얼어 죽어가는 이웃, 아니 형제자매가 있는데 나는 그저 침묵하고 있을 것인가.
그들을 위해서 단 한마디 "살려달라, 도와달라" 외쳐야 한다고 결심했다.

'북한인권법'

대한민국 국회에 처음으로 발의된 것은 2005년.

2015년인 올해로 11년째 계류 중이다.

북한 인권 개선을 위해서 제도적, 법적 기반을 마련하는 북한인권법을 아직껏 우리 국회는 통과시키지 않고 있다.

국제연합(United Nations, UN)은 '유엔인권최고대표사무소 서울사무소(Office of the United Nations High Commissioner for Human Rights, OHCHR)'를 대한민국 서울에 2015년 6월 23일 개소하였다. 2004년에 이미 미국 국회는 '북한인권법'을 제정하였고, 2006년에 일본도 '북한인권법'을 제정하였다.

정작 당사국인 대한민국 국회는 '북한인권법'을 통과시킬 의지도 없고 생각도 안 하고 있는 듯이 보인다.

더는 미룰 수 없었다. 2013년 9월 30일, '북한인권법 통과를 위한 국민캠페인' 100일의 기록을 시작하게 되었다.

그리고 100일을 꼬박 '북한 주민의 자유와 인권을 위하여'를 한목소리로 외쳤다. 몇몇 친구들과 시작했던 국민캠페인에 한 분 한 분 참여가 늘어나면서 감동과 감사를 느꼈고 희망을 보았다.

북한 주민이 자유와 인권을 누리는 그 날이 올 거라는 희망.

자유통일의 그 날이 머지않았음을….

우리의 국민캠페인을 대한민국 전 국민과 공유하기 위해, 그리고 여전히 대한민국 국회에서 잠자고 있는 '북한인권법'을 깨우고자 이 책을 쓴다.

이 책은 '국민캠페인'에 참여한 401명 모두가 함께 만들어낸 작품이다. 필자는 그저, 그분들 한 분 한 분이 신념과 용기로 한 행동을 대신해서 기록했을 뿐이다. 이 지면을 통해서 다시 한번, 참여한 모든 분께 깊은 감사의 말씀을 올린다.

자유통일의 그 날이 속히 와서, 저 북녘의 형제자매와 우리가 '함께' 자유롭고 정의로운 '자유통일 대한민국'에서 함께 살기를 소망하고 기도한다.

2015년 7월
광화문에서
인지연

지옥의 가장 어두운 자리는
도덕적 위기의 순간에
중립을 지킨 자들을 위해 예비되어 있다.

단테, 『신곡』 중

The darkest places in hell are reserved
for those who maintain their neutrality
in times of moral crisis.

Durante degli Alighieri, "Inferno", La Divina Commedia

100일간의 캠페인에 담긴
우리의
정성과 마음을

지금도 북한정권에 의해
억압받고 죽어가고 있는 북한 주민들께
드립니다.

프롤로그

25,000,000…

3,000,000…

200,000…

100,000…

20,000…

70,000…

96,000…

516…

500…

그리고 401!

북한정권이란 거대 수용소에 갇혀 있는 북한 주민의 수 2천500만 명.

북한의 '고난의 행군' 때, 굶어 죽어간 주민의 수가 300만 명.

지금도 정치범수용소에 갇혀 갖은 폭력 속에서 죽어가고 있는 북한 주민의 수가 20만 명.

중국 땅에서 숨조차 제대로 쉬지 못하면서 강제북송의 위협에 시달리고 있는 재중 탈북자의 수가 10만 명.

중국에 있는 탈북 여성과 중국인 사이에서 태어나 중국인도 북한인도 아닌 무국적 아동이 되어 최악의 인권 사각지대에 놓여 있는 북한 아동의 수가 최소 2만 명.

분단 70년 이래 내 가족과 생이별하고 이제는 늙어 죽기 직전에라도 가족을 만나길 소원하는 이산가족의 수가 7만 명.

6·25전쟁이라는 동족상잔의 비극 기간에 김일성의 지시로 납치되어 북에 억류된 전시 납북자의 수가 9만 6천 명.

6·25전쟁 이후에도 북한정권의 공작에 의해 납치되어 부모와 자식이 만나지 못하고 있는 전후 납북자의 수가 516명.

6·25전쟁 종전 후 북한에 억류되어 인간 이하의 삶을 강요받고 있는 생존 국군포로의 수가 500명.

* 이 책에 실린 참여자들의 사진과 실명은 '사진 기타 자료 소유 등에 관한 합의서'에 동의한 분들의 것임을 알립니다. 401명 중 많은 분이 거리를 지나가던 시민이었습니다. 따라서 그분들에게 일일이 합의서를 받을 수 없는 상황이어서 극히 일부의 참여자들에게만 합의서를 받을 수 있었습니다. 초상권 문제를 고려하여 일부 참여자들의 사진과 실명만을 싣는 것에 대해 양해의 말씀을 올립니다. 단, 이 책 제6장에서 참여한 모든 분의 실명과 참여 일자를 싣는 것으로 캠페인 참여자들의 기록을 남겼습니다.

그리고… 이 땅에 아직도 제정되지 못하고 있는 '북한인권법'. 그 '북한인권법 통과를 위한 100일 국민캠페인' 참여자의 수 401명!

이 401인의 외침이, 저 북녘땅에 가닿기를… 저 잔혹한 북한정권을 무너뜨릴 함성이 되기를 소망하며 401인의 기록을 남깁니다.

제1장

100일 '국민캠페인' 시작!

북한을 생각하며 북한인권법 제정을 기원합니다.

원재천 · 한동대학교 법학부 교수

인권유린이 있는 유일한 곳
자유가 없는 유일한 곳
북한에 인권, 자유를 보내줍시다.

박주희 · 바른사회시민회의 실장

2013년 11월 15일 '북한인권법 제정 촉구 포럼' 참석자들의 메시지

이제는…

2013년 8월 중순, "이제는 정말 통과돼야 해요."

서초동 법원 옆에 있는 곳에서 커피를 마시며 강철민 대표는 말했다. 강 대표는 20대 후반의 출판사 대표이자, '남북대학생총연합'의 공동대표다. 강 대표는 함께 이야기를 나눌 때마다, 귀한 통찰을 제시해 주는 귀한 동지. 그날의 만남에서도 '북한인권법'을 통과시키는 것에 전념을 다해야 한다는 데에 우리는 뜻을 같이했다.

2013년 9월 29일 일요일 오후

이날은 여느 일요일 오후와 마찬가지로 긴장이 풀리고 나른해서 비몽사몽 누워 있었다. 그러던 중, 강철민 대표와의 대화가 떠올랐다. 문득 '정기국회' 시작일이 언제인지 갑자기 궁금해졌다. 검색해보니 세상에나, 바로 다음 날인 9월 30일에 제320회 정기국회가 시작되는 것이었다. 북한인권법 통과를 위한 '행동'의 시작을 정기국회가 시작할 때로 생각하고 있었는데, 바로 다음 날이라니…. '타이밍'을 결코 놓쳐서는 안 되겠다고 생각했다.

침대에서 벌떡 일어나, 즉시 페이스북에 '북한인권법통과를위한모임'이라는 단체명을 만들어서 회원을 모집한다는 글을 올렸다. 올리자마자 페이스북 친구지만 전혀 모르는 변호사 한 분께서 회원 가입을 희망한다는 의사를 표현해주셨다. 신이 나서, 2012년에 '북한인권법' 제정을 위한 캠페인을 진행했던 친구 중 하나인 김기수에게 무작정 전화를 했다.

무슨 조화였을까. 그때 전화를 받은 김기수는 내가 사는 곳 근처 지하철역에 있었다. 우리는 곧 만나기로 하고 함께 저녁 식사를 했다. 김기수는 통일교육을 하는 강사이자, 북한 인권 관련 활동도 열정적으로 하는 20대 청년 리더다. 그는 2012년 가을에 그의 동료들과 함께 북한인권법 제정을 위한 캠페인을 여의도 국회의사당 앞에서 진행한 바 있다. 나는 페이스북을 통해서 그들의 캠페인을 지켜보고 응원했었고 그 캠페인 방법의 일부를 차용하고 싶었다.

그들이 진행했던 캠페인 방법은 100일간 1인 릴레이 시위를 하는 것이었다. 즉 '북한인권법은 21세기 노예해방법'이란 푯말을 들고, 매일 돌아가면서 1명이 1시간 동안 서 있는 것.

김기수와 대화를 하며, 나는 내일부터 당장 북한인권법 통과를 위한 1인 릴레이 시위를 진행하고자 함을 알렸고, 그에게 함께하자고 권하였다. 그에게 '북한인권법통과를위한모임'의 부대표를 맡아줄 것을 제안하였다.

북한인권법통과를위한모임

이렇게 '북한인권법통과를위한모임'은 초스피드로 결성되었다. 그리고 우리는 2013년 9월 30일 낮 12시에 모이기로 하였다. 캠페인을 진행해본 경험이 있는 김 부대표가 푯말을 만들어 오기로 하였다.

수많은 아이디어, 상상이 머릿속에 가득했다. 가슴속 깊이 확신이 퍼져나갔다. 이 캠페인은 성공할 수 있다고, 북한인권법을 통과하게 할 수 있다고. 북한 주민의 자유와 인권을 위하여 단 1명의 사람이라도 포기하지만 않는다면.

2013년 9월 30일 월요일, 시작!

우리는 그렇게 시작했다. 첫날에는 삼삼오오 그렇게 우리끼리 시작해냈다. 장소는 대한민국 국회 앞이 아닌, 광화문 동아일보 사옥 앞. 엄

인지연(필자) · 북한인권법통과를위한모임 대표

밀하게 말하면 동아일보의 일민미술관 앞이었다. 장소를 그곳으로 정한 이유가 있었다.

장소를 국회 앞으로 한들, 자가용을 타고 국회에 출입하는 국회의원님들 눈에 우리의 1인 시위가 노출될 턱이 없었다. 또한, 이 캠페인의 목적은 바로 '대한민국 국민'이 북한인권법의 존재를 알고, 그들이 북한인권법 통과를 원하도록 설득하기 위한 것이었다. 따라서 국민의 왕래가 잦은 세종로 한가운데 동아일보 앞을 택한 것이었다.

첫날 참여한 모든 사람은 7명! 나쁘지 않았다. 희망을 느꼈다. 하지만, 문제는 둘째 날부터였다. 막막했다. 하지만, 크게 걱정하지 않았다. 정 아무도 없다면 나 혼자라도 매일 서서 100일간 하면 된다고 스스로를 달랬다. 처음부터 100일 동안 하겠노라고 페이스북에 선포했다. 친구에게 개인적으로 한 약속도 아닌, 대중에게 한 약속이었기 때문에 반드시 지켜야겠다는 다짐을 거듭해보았다.

무심히 지나치는 사람들…. 1990년대에 대학을 다닐 때도 시위 또는 집회에 한 번도 참여하지 않았던 나였다. 이제 40세가 되어 거리에서, 그것도 1인 시위를 하고 있다니. '해야 하는 일'이란 확신이 있었기 때문에 가능했고, 용기가 절로 났다.

김풍년 · 북한인권법통과를위한모임 고문

북한 인권 관련 모임 때, 여러 번 뵈어 알고 지내던 김풍년 어르신께서 오셨다. 전날 페이스북으로 캠페인 첫날에 대해 알렸는데, 그것을 보고 오신 것이다. 얼마나 감사하던지. 이후로 김풍년 어르신을 얼마나 자주 보게 될지 그때는 미처 몰랐다.

1인 시위를 하고 있는데, 어디선가 본 듯한 사람이 갑자기 멈춰 섰다. 서범준 팀장이라 이름을 밝힌 그분은 페이스북상에서 알고 지내던 분이었다. 우리 캠페인의 목적과 취지를 말씀드렸더니 흔쾌히 참여하였다. 신기하고, 반가웠다.

서범준 · 여행사 팀장

바쁜 중에도 늘 북한 인권 운동에 참여해온 친구, 박영성. 페이스북 공지를 보고서 우리의 역사적인 첫날 캠페인에 참여하였다.

박영성 · 엔지니어

당초에 이 캠페인은 매일, 페이스북을 통해서 중계하기로 결정했다. 그렇다면, 먼저 푯말이 매일 똑같아서는 안 된다는 생각을 했다. 푯말이 매일 똑같다면 사람이 달라진다 해도 보는 이들이 지루해할 것이고, 캠페인에 대한 관심과 흥미를 끌기에 힘겨울 수 있다는 판단이었다.

그래서 결심한 것이 100일간, 매일 다른 푯말을 만들기로 한 것이다. 내 손으로 매일 다른 구호와 다른 색깔로 푯말을 만들겠다는 생각을 했다. 다른 시위나 캠페인을 하는 분들을 거리에서 볼 때마다 어떻게 저렇게 전문가가 만든 듯 매끈하게 인쇄된 푯말을 만들어 나오나 싶었다. 그런 것을 만드는 곳을 나는 알지도 못했고, 그런 세련된 푯말이 소위 전문 시위꾼의 느낌이 들어서 투박할지라도 나는 직접 만드는

것이 낫겠다고 생각했다.

그러나, 그 가상한 결심에는 끊임없는 끈기와 지극한 정성이 필요하다는 것을 날이 갈수록 절감했다. 각기 구호가 다른, 다채로운 색깔의 푯말을 100일 동안 만들었다. 매일 만들 때 쏟은 수고스러움은 예상보다 컸다.

개인적으로 기독교인이기 때문에, 일요일은 주일로 지키고 있어서 캠페인은 주일 빼고 평일 6일간 하기로 했다. 따라서 100일 캠페인의 실제 진행일은 86일이며, 푯말 역시 100일간 86개를 제작했다.

제2장

"여기 인권이나 신경 써라"

북한에는 인권이란 단어가 없습니다.
북한의 국민이 인권이라는 단어를
아는 때가
한반도 통일의 시작이라고 봅니다.
북한인권법 제정!

김정아 · 전 북한군 장교, 방송인

2013년 11월 15일 '북한인권법 제정 촉구 포럼' 참석자들의 메시지

2일째인 10월 1일 화요일은 국군의 날.

"'북한인권법' 그게 뭐죠? 북한 동포 살리는 시작!"이라는 표어로 처음으로 내가 풋말을 제작해보았다. 이날 써본 "Now! Act for North Koreans!(지금! 북한 주민들을 위해 행동해요!)"라는 표어를 줄인 'NANK'는 이후 우리 북한인권법통과를위한모임의 영문 이름이 되었다. 우리는 늘 '언젠가' 돕겠다고 생각한다. 그러나 그 언젠가는 결코 오지 않는다. 지금! 돕지 않으면 안 된다.

사진서명을 아시나요?

'사진서명'이란 말을 들어보았는가? 이는 내가 붙여본 말이다. 많은 시민단체가 여러 명분의 사회 개혁을 위해서 서명을 받는다. '북한인권법'이 2005년에 처음 발의된 이래로 수많은 북한 인권 단체가 '북한 인권법' 제정을 위한 서명을 받아왔다. 나 또한 최소 세 번 이상 서명을 한 기억이 있었다.

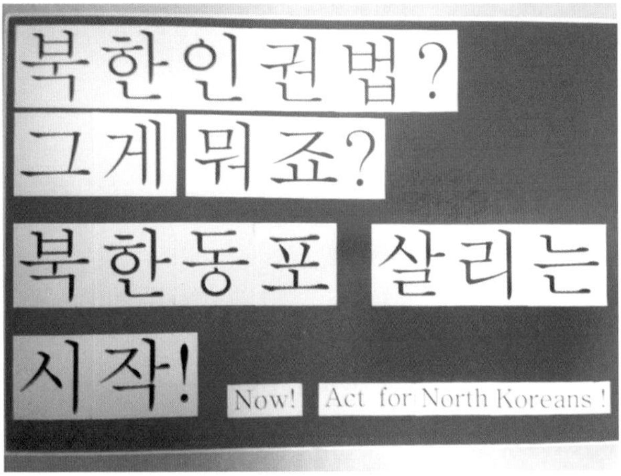

하지만, 그러한 서명의 수가 아무리 많다 해도, 즉 만 명이 서명을 했다 해도 저 완고한 국회를 움직이지 못했던 것이 현실이다. 나는 애초에 그냥 개인정보를 얻는 단순 서명은 하지 않는 것이 낫다고 판단했다. 그래서 '사진서명'을 시도해보려 했다.

사진서명이란, 문자 그대로 '사진'을 통해서 서명하는 것이다. 우리가 제공하는 '북한인권법' 촉구 푯말을 들고서 사진에 '찍히는' 것이 사진서명이다. 즉 푯말을 든 본인의 '얼굴 사진'과 실명을 제공하는 것

이며, 그것의 공개에 동의하는 것이다.

이 얼마나 부담이 큰 서명인가. 우리말에 '얼굴을 판다'는 말이 있다. 얼굴이 팔리는 것은 엄청난 용기와 동의가 필요한 일이다. 이 사실을 알고 있음에도 나는 이 '사진서명'이 통할 것이라는 확신으로 시작을 하였다.

대한민국 국민의 자발적 참여

믿기지 않았다. 3일째 되는 10월 2일에, 지나가는 시민에게 마지막

이 "북한인권법 서명하세요"라고 말을 걸었다. 그래 보았더니, 100여 명 중 1명이 관심을 표하고 내게 "뭐라구요?" 하며, 멈춰 섰다. 사진서명에 대해 빠르고 쉽게 설명을 했더니 푯말을 기꺼이 들고 참여하는 것이 아니겠는가.

의도했던 바가 실현되니 너무나 감사하고 감동적이기까지 했다. 이날 캠페인 시간인 1시부터 3시까지 우리 캠페인에 참여한 사람, 즉 사진서명에 동의하여 사진을 찍은 사람의 수가 무려 10명! 그것도 시커펑(Shikefeng)이란 중국인까지 포함하여 생전 처음 보는 시민이 참여하여 이룬 성과였다.

나는 그분들의 사진을 찍는 대로, 즉각 동의를 얻어서 페이스북에 올렸다. '통하는구나'란 느낌을 받았고, 그 기쁨은 이루 말할 수가 없었다.

한 여성이 찾아왔다. 본인을 소개하는데 첫마디가 "탈북자입니다"였다. 북한인권법이 무엇인지 모르지만, '북한 동포 살리는' 법이라는 말에 가슴이 떨렸단다.

김정아 님은 북한에서 여군 장교를 지낸 분이었다. 나에게 밥을 꼭 한 끼 사주고 싶다면서 함께 부대찌개를 먹었다. 음식을 다 먹지 못하는 나를 보며, 본인은 대한민국에 와서 풍요함에 놀랐고 사람들이 그 귀한 음식을 남기는 것에 또 한 번 놀랐다면서 음식을 남김없이 먹었다. 그녀와의 첫 만남에 대한 기억은 이렇다.

김정아 · 전 북한군 장교, 방송인

그 이후로 100일간 그녀는 캠페인 장소에 열 번도 넘게 왔다. 방송 출연으로 바쁜 와중에도 헐레벌떡 뛰어오면서 사진을 찍고 참여하곤 했다.

3시가 거의 다 되었을 때, 누군가 급히 오고 있었다. 다름 아닌 '조충수' 전도사였다. 그는 김기수 부대표와 함께 2012년에 국회 앞에서 북한인권법 캠페인을 하였었다. 이번 동아일보 앞 100일 캠페인을 하는 데에도 귀한 조언을 많이 해주었다.

조충수 · 전도사

10월 9일(수), 10일째

『동그라미 씨의 말풍선』이란 사회 풍자집을 낸 홍훈표 작가를 사석에서 만났다. 나는 어김없이 북한인권법 100일 국민캠페인을 알렸다. 꼭 한번 오겠다고 했는데 10월 9일 한글날 와주었다. 와서 여러 아이디어를 전해주었다.

"폿말에 글만 있으니까, 사람들이 사진 찍는 것인 줄 몰라요. 그러니까 폿말에 사진을 붙이세요."

일리가 있는 말이어서, 다음 날에 시도해보기로 결정했다.

홍훈표 · 작가

10월 10일(목), 11일째

조희수 장로님을 나는 '금요일의 남자'라고 불렀다. 다니는 교회에 금요일마다 들르셨다가 반드시 북한인권법 100일 국민캠페인에 참여하셨다. 오실 때에는 김밥과 우유를 건네주며 격려도 해주셨다. 장로님의 정성 어린 마음이 감사해서 난 김밥을 별로 좋아하지 않는다는 말씀을 미처 드리지 못했다.

조희수 · 사업가

강재천 · 시민운동가

10월 12일(토), 13일째

강재천 선생님께서는 주말마다, 우리 캠페인이 진행되는 동아일보 앞에서 '탈북민 강제북송 반대를 위한 시민문화제'를 개최하고 계셨다. 북한인권법 제정을 위한 우리 캠페인에 쾌히 참여하셔서 든든한 버팀목이 되어주었다.

지금은 해산된 '통합진보당' 해산을 촉구하는 서명운동을 주도하신 분, 주옥순 대표를 거리에서 처음으로 뵈었다.

서로 잘 알지는 못했지만, 북한 주민 살리는 북한인권법을 통과시켜야 한다며 기꺼이 동참하셨다.

10월 14일(월), 15일째

15일째 되던 날, 아주 반가운 동지들이 찾아왔다. 문동희 북한인권학생연대 대표, 김지연 바이트 기자, 김형욱 시대정신 청년위원회 위원장, 이렇게 셋이 함께 캠페인에 참여하겠다고 온 것이다. 예전부터 연합하여 북한인권 운동을 하기도 해서 끈끈한 우정을 나누어온 사이였다. 연락 없이 곧장 참여하러 와서 더 반갑고 고마웠다.

주옥순 · 엄마부대봉사단 대표

10월 15일(화), 16일째

오늘은 비가 주르륵 내린다…. 캠페인을 처음 시작했을 때부터 다짐했고 표방했던 것이 '비가 오나 눈이 오나 캠페인은

문동희 · 북한인권학생연대 대표

쉬지 않는다!'였다. 이 선언이 얼마나 무섭고 무거운 것이었는지 점차 깨닫게 되었다. 비가 온다고 캠페인을 중단할 수 없었다. 우산을 쓰고서 비를 쳐다보며 캠페인을 하는데, 반가운 분들이 참여하러 오셨다.

허용범 새누리당 동대문갑 당협위원장님께서는 페이스북을 통해서만 알고 지냈는데 일부러 찾아오셨다. 얼마나 반갑고 감사하던지…. 전준성 가천대학교 성악과 학생도 찾아왔다. 이분 또한 페이스북 친구였다.

비를 맞닥뜨리고 나서야 우리의 소중한 푯말 또한 비옷이 필요하다는 것을 깨달았다. 부랴부랴 푯말들을 비닐종이로 무장했다.

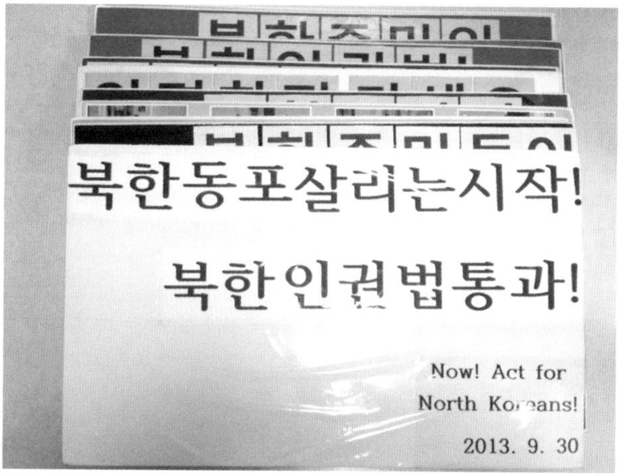

비옷 입은 푯말들

10월 17일(목), 18일째

이날의 표어는 "북한인권법 통과시켜야! 국제사회는 관심! 우리는 무관심!"

말의 힘 덕분이었을까. 오늘따라 외국인들의 참여가 두드러졌다. 광화문을 다녀본 사람들은 알겠지만, 그곳은 외국인들이 많이 다니는 길이다. 열에 셋은 외국인이다. 북한인권법 국민캠페인을 하며, 놀란 사실은 외국인의 참여 비율이 우리 국민보다 더 높다는 것이었다.

외국인들에게 다가가는 법은 간단했다. 먼저, 가벼운 인사를 하고 국적을 물어보면 관심을 나타낸다. 그 후 'North Korean Human Rights(북한 인권)'에 대한 언급을 하면 내제로 사진 촬영에 예상보다 쉽게 동의해주었다.

마거릿(Margaret)과 케이스(Kees)는 부부다. 이 부부는 다른 외국인들보다도 더 깊은 관심을 나타내며 내게 북한인권법의 내용을 묻기도 했다. 또한 엄지손가락을 들어 올리며 격려해줘서 캠페인을 진행한 나는 큰 용기와 힘을 얻을 수 있었다.

Irene Herrer · 베네수엘라

Margaret(여), Kees(남) · 네덜란드

캠페인을 거의 마치고, 돌아가려고 하는 순간. 나는 갑자기 멈춰 설 수밖에 없었다. 앞에서 오고 있는 외국인 할머니가 낯익었기 때문이다. 그 할머니는 며칠 전 기사를 통해 알게 된 독일인 북한 인권 운동가의 얼굴과 흡사했다. 다가가서 말을 걸어보니, '게르다 에를리히(Gerda Ehrlich)' 북한 인권 운동가 그분이었다. 그녀는 독일에 있는 북한대사관 앞에서 오랜 기간 북한 인권 시위를 해오고 있는 열정적인 북한 인권 운동가다. 참으로 반갑고 귀해서 우리 캠페인을 설명했고, 그녀는 즐거이 참여했다.

Gerda Ehrlich · 북한 인권 운동가 · 독일

이애란 · 북한전통음식문화연구원 원장

게르다 님을 만나고 흐뭇한 마음으로 되돌아가려 했으나 이날의 캠페인은 이후로도 계속되었다. 이애란 박사님께서 '통일약과'까지 들고서 부랴부랴 나를 찾아오신 것이다. 이애란 박사님은 탈북민 여성 제1호 박사님이다. 종로에서 '능라밥상'이란 북한 요리 전문식당을 경영하시고 명지대학교에서 경제학 박사과정에까지 도전하는 열정이 넘치시는 분.

일부러 캠페인에 참여하러 오시고, 약과 선물까지 주시고, 감동적이었다. 우리 남과 북이 함께하니, 북한인권법은 반드시 통과될 것이며, 자유통일이 속히 올 것 같다는 확신이 들었다.

10월 19일(토), 20일째

우리 100일 국민캠페인을 '매일' 페이스북에 올리니 조금씩 조금씩, 하지만 뜨겁게 친구들 사이로 퍼지기 시작했다. 어느 날 '김정호' 교수님께서 캠페인 사진에 댓글로, "저도 참여할게요"라고 쓰셨다. 물론 대단히 기뻤지만, 진짜 오실 줄은 몰랐기 때문에 실제 오셨을 때 놀랐다. 더 놀라운 일은 오셔서, 꼬박 1시간 내내 푯말을 들고 캠페인에 온전히 참여하신 일이다.

김정호 · 프리덤팩토리 대표, 연세대학교 특임교수

이 캠페인을 시작하고, '사진서명'이란 것을 고안해 진행하면서 나는 절대 참여자에게 부담을 주지 말자고 마음먹었다. 즉, 일상에 바쁜 분들의 참여를 유도하려면, '사진만' 찍고 가게 해야지, 푯말을 들고 오래 서 있게 해서는 안 된다고 생각했다.

그런데, 김정호 교수님 또한 작정하고 오셨는지 1시간 동안 서 계시면서, 나보고 잠시라도 쉬라고 하셨다. 사실 매일 오후 1시부터 3시까지 2시간 내내 서 있는 일이 보통 일은 아니었다. 화장실에 가고 싶을까 봐 12시부터는 물과 커피도 마시지 않으려 했다. 1시간은 해볼 만했다. 하지만, 1시간이 지나고 2시가 되면 또다시 1시간을 서 있어야 한다는 생각에 까마득하게 느껴졌다. 그런 내게 김정호 교수님같이 1시간을 꼬박 대신 서 계시는 분은 참으로 감사하고 감사했다.

10월 21일(월), 22일째

광화문 동아일보 앞에는 많은 사람이 지나다닌다. 동아일보의 방송국에 자주 출연하시는 안찬일 박사님께서는 방송국 가는 길에 나와 곧잘 마주쳤다. 안 박사님은 탈북민으로서 국내에서 최초로 박사학위를 받으신 분이다. 나를 볼 때마다 크게 격려해주시면서, 우리 캠페인에 기꺼이 여러 번 참여하셨다.

안찬일 · 탈북민 제1호 박사

박범진 · 북한인권시민연합 고문

10월 23일(수), 24일째

본래 사람에 관심이 많아서 사람 얼굴과 이름을 잘 기억하는 편이다. 지나가시는 한 어른의 얼굴이 또한 낯익었다. 예전에 국회의원까지 지내셨던 박범진 님이었다. 인사를 드리고, 우리 캠페인에 참여를 권유했다. 만나고 나서야 알게 된 사실은 박범진 님께서도 '북한인권시민연합'이라는 시민단체에서 고문으로 활동하며 북한 인권 운동을 하신다는 것이었다. 또 한 분의 동지를 만났다.

10월 24일(목), 25일째

어디선가 보던 분이 환하게 웃으면서, 나를 향해 다가왔다. 페이스북을 통해서만 알던 이태희 미국 변호사님. 목사님이시기도 하다. 바쁜 와중에 잠시 참여하시고, 크게 격려해주셨다.

이렇게 페이스북 친구들, 일반 시민이 참여해주고 나면 나는 실시간으로 이분들의 동의를 얻어서 참여자 사진을 페이스북에 올렸다. 페이스북의 내 담벼락에는 매일같이 2시간 동안 적게는 3명, 평균 8명의 사진이 올라갔다. 각 참여자의 사진 밑에는 해당하는 사람에 대한 설명을 짤막하게 쓰고, 마무리는 항상 "북한인권법 제정하라! 북한 주민의 사유와 인권을 위하여!"라는 말로 했다. 북한인권법 통과시켜라…

통과시켜라… 이 말을 수백 번 적으면서, 그때마다 기도했다. '꼭 이루어주세요'라고.

이태희 · 미국 변호사, 목사

캠페인을 마치고, 자리를 떠나려는데 앞쪽에서 휠체어를 탄 젊은 청년이 내게 다가왔다. 본인을 동국대학교 법학과 학생으로 소개하며, 캠페인에 참여하고 싶다고 했다. 대단히 소중하고 고마웠다. 동시에 내심 당황스럽기도 했다.

그의 이름은 박성준. 이후 그는 100일간의 국민캠페인 내내 문자 그대로, 비가 오나 눈이 오나 내 바로 곁에서 캠페인을 지속하는 데에 가장 큰 공헌을 했다.

북한인권법
제정합시다!
억압속북한주민
자유케하는시작
Enact North Korean Human Rights Act!

박성준 · 동국대학교 학생

그리고 그는 2014년부터 우리 북한인권법통과를위한모임의 부대표를 맡고 있다. 북한 인권 현실, 개선 방안에 대해 열심히 공부하고 있으며 법학도로서 로스쿨에 진학해 법조인이 될 것을 꿈꾸고 있다. 그와 나, 우리가 힘을 합해 이 지구 상에서 심각한 고통에 처해 있는 우리 북한 주민을 위해 작은 힘이라도 보태길 바라고 있다.

이날의 캠페인을 종료하고, 처음 만난 박성준 학생과 근처 한국프레스센터에서 진행되고 있던 납북자 관련 국제심포지엄에 갔다. 그곳에서 많은 북한 인권 관련 활동가를 만날 수 있었다. 그중 한 사람이 댄(Dan). 서울에 있는 몇몇 북한 인권 단체에서 자원봉사를 하는 귀한 인재였다. 그 역시 캠페인에 기꺼이 참여하였고, 캠페인 장소는 아니었지만 한국프레스센터에서 사진을 찍었다.

Dan · 북한인권운동가 · 미국

10월 26일(토), 27일째

이날을 잊을 수가 없다. 캠페인이 시작되는 시간은 매일 오후 1시. 12시 10분경쯤 되었다. 오늘의 캠페인을 공지하려고 페이스북을 보고 있는데, 로스쿨 동기의 계정에서 미국 변호사 시험 합격을 축하하는 메시지를 보았다. 즉각 가슴이 뛰기 시작했다. 아… 왜 나한테 아무도 연락을 안 하지…. 2013년 7월에 보았던 시험 결과가 나온 모양이었다. 내 결과는… 불합격이었다.

1시는 다가오는데, 불합격했다고 해서 캠페인을 중단할 수는 없었다. 페이스북에 "기분이 좋아도 나빠도 우리의 캠페인은 계속됩니다! 북한 주민의 자유와 인권을 위하여!"라고 간신히 써서 올렸다.

그리고 비참하고 어지러운 마음을 달래면서 겨우겨우 2시간 동안 서 있었다. 그 시간 내내 나는 열심히 생각했다. 27일간 진행해온 이 귀하디귀한 캠페인을 100일까지 진행할 것인가, 아니면 2014년 2월에 있을 미국 변호사 시험에 다시 도전하기 위해서 당장 캠페인을 그만둘 것인가.

빠르게 머리로 가슴으로 계산했다.

캠페인이 종료되는 날은 2014년 1월 7일, 시험은 2월 말. 시험에 투입할 수 있는 시간은 한 달 반뿐. 좋다, 해볼 만하다. 나는 결정했다. 100일 끝까지 가기로. 그리고 그때의 결정을 이후에도 결코 후회하지 않았다.

이날 참여하신 조성일 님은 각종 모임과 활동 때마다 함께해준 동지다. 시간을 내어 찾아왔다며 캠페인에 참여하였다. 친한 사이였지만 나의 불합격 소식을 차마 알릴 수가 없었다. 나쁜 소식을 입 밖에 내면 그것이 더 확실해질 것 같았고, 불쌍해 보이기도 싫었다. 마음이 복잡

했다. 억지로 밝은 척을 하면서, 그날의 캠페인을 간신히 마쳤다.

조성일 · StoryK 운영위원

로스쿨 생활을 3년 하고서, 처음으로 도전한 미국 변호사 시험에 떨어졌다. 담담하려고 애썼다. 부족한 것이 많았을 거라는 마음으로 자신을 달랬다. 더 마음 아팠던 것은 가족들에게 불합격 소식을 알리는 것. 나 자신보다 가족들을 기쁘게 해주고 싶었다. 그러나 떨어진 것은 바뀔 수 없는 사실이었다. 페이스북 친구들에게도 알리고 싶지 않았다. 사람들은 나쁜 뉴스보다 좋은 뉴스를 더 좋아하는 법이니까. 내

불합격 소식을 알리면 우리 100일 캠페인에도 좋은 영향을 끼치기 어렵다고 판단했다. 시험공부나 하지, 무슨 캠페인을 한다고 설치느냐는 조소 또는 불쌍해하는 시선을 받을 것 같았다. 그래서 불합격 소식을 공식적으로 알리지 않고 담담하게 캠페인을 진행했다.

10월 29일(화), 30일째

이제 겨우 한 달이 지났다. 정말 하루하루 꾸역꾸역 해냈다. 그런데 앞으로 세 달 반이나 남았다. 날씨는 추워지고 있다. 신념과 말을 지켜 낸다는 일은 역시 쉬운 것이 아니었다.

30일째인 오늘, 유달리 반가운 동지들이 찾아왔다. 북한 인권 운동의 허리 역할을 하시는 정베드로 대표님께서 오신 것이다.

북한 인권에 관심을 두고 활동하는 사람이 많지 못한 것이 우리 현실이다. 이런 상황에서 정 대표님은 오래전부터 꾸준히 북한 인권 운동을 해오며 중요한 역할을 담당해오셨다. 대표님이 함께 참여하시니 참으로 든든했다.

포항에 있는 한동대학교 국제법률대학원 후배, 하임숙도 찾아왔다.

내가 국가인권위원회, 유엔인권최고대표사무소(OHCHR)에서 인턴 생활을 한 이후, 동일하게 두 곳에서 인턴을 한 북한 인권 운동 현장의 귀한 후배다.

정베드로 · 북한정의연대 대표

하임숙 · 한동대학교 국제법률대학원 학생

같은 마음을 품고서 자유통일과 북한 인권 개선을 향해 함께 노력해가는 동지들이 소중했다. 함께 힘을 더하니까 거칠 것이 없는 느낌이었다.

여기 인권이나 신경 써라

지나가던 40대 여성이 내가 들으라는 듯이 크게 소리치며 지나갔다. "여기 인권이나 신경 써라."

여기 인권…. 우리 대한민국 인권, 남한 인권에 먼저 마음 쓰라는 말이다. '여기 인권'이라는 말을 사용한 분의 생각을 두 가지로 이해했다. 첫째, 북한 주민은 '우리, 여기'에 포함되지 않는다는 것. 둘째, 여기 대한민국 인권도 좋은 상태가 아니라는 것.

'여기 인권'을 말한 그녀의 두 가지 생각은 모두 틀렸다. 첫째, 북한 주민이 '우리'다. 북한 인권이 '여기' 인권인 것이다. 내가 그녀의 말을 페이스북에 올렸을 때, 페이스북 친구가 댓글로 "북한이 여기입니다"라고 했다. 무엇보다도 북한 주민은 헌법상 우리 국민이다. 대한민국 헌법 제3조 영토조항, "대한민국 영토는 한반도와 그 부속도서로 한다"와 판례를 통해서 북한 주민은 '대한민국 국민'이며, 이에 따라 북한에서 탈북한 북한 주민을 우리 국민으로 받아들이고 있다.

우리가 '여기'에 있는 수많은 북한 주민을 그저 '저기'에 있는 사람들로 생각하기 때문에 그들이 겪고 있는 비참함에 공감하지도, 돕지도 못하고 있는 것이다. 북한 인권의 참상은 바로 한반도 전체에 있는 우리의 현실이다.

둘째, 대한민국 인권 현실도 '나쁘다'. 맞다. 사람 사는 사회에서 대한민국 인권 상황이 참으로 훌륭하다고 말할 수 없다. 그러나, 유엔의 북한인권조사위원회(Commission of Inquiry, COI)는 최종 보고서(Report of the Commission of Inquiry on Human Rights in the Democratic People's Republic of Korea)•를 통해서 북한정권은 조직적이고 광범위하며 심각

• Democratic People's Republic of Korea(DPRK)는 유엔에서 사용되는 북한의 정식 국호다. 북한도 유엔 가입국이기 때문에, 유엔은 북한을 North Korea라 하지 않고 DPRK로 지칭한다. 유엔이 우리 대한민국을 지칭할 때에는 South Korea가 아니라, The Republic of Korea라는 영문 국호를 사용한다.

한(systematic, widespread and grave) 인권침해를 자행하고 있다고 했다. 또한 그 인권침해는 '반인도 범죄(反人道犯罪, crimes against humanity)'에 해당하며 국제법상 그 범죄의 주체인 북한정권 지도부를 국제형사재판소(International Criminal Court, ICC)에 회부해야 한다고 권고하고 있다.

이렇듯 국제사회가 범죄자로 규정하는 북한정권의 조직적 인권침해와 그로 인한 북한 주민의 비참한 현실을 놓고, 대한민국 인권 상황도 나쁘다고 말할 수 있을까. 이는 아흔아홉 개를 가진 사람이 하나도 못 가진 사람 앞에서 자신도 백 개를 채우지 못해 불행하다고 말하는 격이다.

여기 인권…. 한반도 인권 개선을 위해서 자유통일을 앞당겨야 한다. 그 첫걸음이 북한인권법 제정이다. 그래서 오늘도 우리는 한 명 한 명의 마음을 담는 캠페인을 진행하고 있다.

10월 30일(수), 31일째

오늘 미녀군단이 찾아왔다. 북한 인권 문제를 국제사회, 곧 유엔에 제기하고 성과를 거두는 데 큰 공헌을 한 단체가 '북한인권시민연합'이다. 그 단체의 팀장님들이 오셨다. 릴리언 리(Lilian Lee) 팀장, 김은영 팀장, 김미리 팀장이 인턴인 미셸(Michele)과 함께 왔다.

미셸은 미국 하와이에서 온 친구다. 북한 인권 운동을 함께하고자

Michele Sonen · 북한인권시민연합 인턴 · 미국

북한인권시민연합에서 인턴 생활을 하고 있다. 우리나라 대학생들, 청년들은 여러 좋은 일을 하기 위해서 해외로 인턴을 하러 나간다. 대한민국에 있는 청년 중 북한 인권 운동에 관심을 두고 행동하는 이들이 많지 않다. 한반도의 당면과제인 북한 인권 개선을 위해서 애쓰는 우리 젊은이들이 더 많아졌으면 좋겠다는 생각을, 하와이에서 서울로 온 미셸을 보면서 했다.

제3장

'페이스북'으로 전파되는 캠페인

북한인권법은 북한 주민을 위한 법입니다.
대한민국에서 통과를 늦추는 것은 있을 수 없습니다.
조속한 통과를 바라며….

김풍년 · 북한인권법통과를위한모임 고문

미국, 일본에서도 통과된 북한인권법이
정작 대한민국에서 통과가 안 됐다는
사실이 믿기지 않습니다.
동물보호법도 있는데 하물며….
부디 건강히 열심히 해주세요.

인상희 · 주부

2013년 11월 15일 '북한인권법 제정 촉구 포럼' 참석자들의 메시지

페이스북을 통해서 모여드는 참여자들

우리의 캠페인은 시작 때부터 철저하게 오프라인과 온라인이 연동된 것이었다. 즉 거리에서의 캠페인을 온전하게 '페이스북'으로 중계하였다.

캠페인이 진행된 100일 동안, 나의 하루는 극히 단순해야 했다. 아침에 일어나면, 1시간 30분 동안 푯말을 만든다. 그 후, 페이스북에 오늘 캠페인의 시작을 알리는 간단한 고지를 한다. 1시부터 시작되는 캠페인이 오늘도 진행됨을 알리는 것이다. 동아일보 앞, 현장에 도착해서는 캠페인 지킴이인 내가 사진을 먼저 찍는다. 그리고 이후 3시까지 진행되는 캠페인 참여자들의 사진을 차례로 페이스북에 올린다. 사진과 함께 각각 그분들의 특징과 마음이 담긴 말을 적어서 올린다.

이런 캠페인이 점차 페이스북에서 알려지자, 내가 전혀 알지 못하는 분들이 동아일보 앞으로 찾아오기 시작했다. "페이스북에서 보고

왔습니다"라며 나를 찾아오는 분들을 보면서, 나는 일종의 '기적'과 같다고 느꼈다.

인지연 대표(필자) 페이스북 화면

직접 참여하러 오는 분들도 대단했고, 페이스북상에서 응원을 열심히 해주는 분들도 감사했다.

동아일보 앞에 매일 서 있는 나와 페이스북에서 '좋아요'를 누르고 댓글을 통해서 우리 캠페인을 응원해주는 분들, 지켜보다가 마음이 움직여 찾아오기까지 하는 분들…. 우리 모두의 마음은 오직 하나였다.

저 북녘땅 북한 주민을 위해서, '북한인권법' 제정하라! 그들도 우리 국민이다!

김문수 · 전 경기도지사, 새누리당 대구 수성갑 당협위원장

대한민국 정치인의 참여

11월 1일(금), 33일째

11월의 첫날을 맞이하며 여느 때처럼 "북한인권법 서명하세요"를 말하고 있었다. 누군가 환하게 웃으면서 다가와 내게 악수를 청하였

다. '김문수' 당시 경기도지사님이었다. 그때 그분께서 내가 누구인지 명확히 알아보신 것은 아니었다. 북한 인권 운동을 하면서 여러 번 뵈었기 때문에, 그분께서도 내가 낯익어서 인사를 청해주신 것이었다. 김문수 님은 현재 새누리당 대구 수성갑 당협위원장이다.

그분과의 만남은 '북한인권법 100일 국민캠페인'을 하고 있던 우리에게 대단히 특별했다. 왜냐하면, 김문수 당시 경기도지사님은 2005년에 대한민국 국회에서 '최초로' 북한인권법을 발의했던 분이기 때문이다. '북한인권법'을 처음으로 발의한 분께서 쾌히 북한인권법 캠페인에 참여하시니 큰 힘을 얻었다. 그분께서 9년 전 발의한 법이 2013년인 그때까지 통과되지 못했다는 사실에 기가 막히고 다시금 답답함도 함께 느꼈다.

이날 김문수 경기도지사님의 우연한 참여를 통해서, 우리 북한인권법 캠페인에 대한민국 정치인이 최초로 참여한 기록이 남았다. 그리고 이 참여로 인해 현재 제19대 국회에서 '북한인권법'을 발의한 국회의원들을 우리 캠페인에 초대해야겠다는 발상을 할 수 있었다.

11월 8일(금), 40일째

한 어르신이 지나간다. 존함은 '이봉국'. 시민의 참여에 이날의 캠페인이 활기를 띠었다. 이분처럼 그저 거리를 지나던 시민의 참여는 참으로 놀랍고 감동적이었다.

일면식도 없는 나의 서명 요구에, 그것도 '사진서명'이라서 얼굴을 남기는 일에 거리낌 없이 동참하는 시민을 보면서 감동하지 않을 수 없었다. "당연히 해야죠" "최고입니다" "아직 통과 안 됐어요?" "국회의원 나쁜 ×들" 이라면서 함께 참여해준 대한민국 국민.

이봉국 · 시민

이분들이 있기 때문에 한반도 자유통일의 희망이 있고, 북한 주민들도 사람답게 살아갈 수 있다는 소망을 품을 수 있을 거라고 느꼈다. 북한인권법 100일 국민캠페인에 참여하는 분들은 거리의 시민, 알고 지내던 지인들, 페이스북을 보고 찾아온 페이스북 친구들, 외국인들. 이렇게 네 그룹으로 분류할 수 있었다. 이 모든 분들의 참여로써 북한인권법 국민캠페인이 말 그대로 국민캠페인으로 자리 잡아가고 있었다.

이날 참여하신 이봉국 님을 2014년 1월에 캠페인이 종료된 후, 그 해 봄에 또 만날 수 있었다. 길에서 다시금 우연히 마주쳤을 때, 서로에 대해 물어봤는데 알고 보니 가족끼리 아는 사이였다. 그 이후로 더

자주 만났고 지금은 북한인권법통과를위한모임의 고문으로 모시고 있다.

11월 14일(목), 46일째

교복을 입은 한 여학생이 찾아왔다. 그녀는 당시 죽전고등학교에

재학 중인 황선영. 페이스북에서 늘 '좋아요'를 눌러주고 열렬히 응원해주었던 친구였다. 드디어 캠페인 장소에서 실제로 만나니 반갑고 기쁘기 그지없었다. 또 다른 페이스북 친구인 김동수 님도 오셔서 기쁨이 더했다. 이렇듯 매일 예기치 않은 만남의 연속이었기 때문에, 2시간을 감사와 기쁨의 마음으로 보낼 수 있었다.

오늘 캠페인은 성공적이라 생각하며 기뻐하고 있는데, 세상에나. 멀리서 한 무리의 사람들이 나를 향해 다가오고 있었다. 잘 모르는 분들이었다. 그중 한 분이 본인을 '강신삼' 열린북한방송 대표라고 소개하셨다. '열린북한방송'은 북한 지역에 방송을 송출하는 소중한 방송국이다. 일전에 캠페인에 참여하셨던 권은경 열린북한방송 국제팀장님을 통해 캠페인에 대해 들었다면서 스태프들을 대동하고 오셨다는 것이다. 얼마나 감동적이던지…. 북한인권법 100일 국민캠페인을 진행하면서, 1일 최다 참여자를 기록하는 순간이었다. 이날 하루 참여한 분들은 무려 모두 21명!

'북한인권법 제정 촉구 포럼' 개최

11월 15일 금요일, 한국프레스센터의 가장 큰 장소인 20층 '국제회의장'에서 북한인권법 통과를 위한 대결집이란 거대한 포부를 갖고서 '북한인권법 제정 촉구 포럼'을 개최하였다. 결과는 절반의 성공이

'북한인권법 제정 촉구 포럼' 참여자들

었다. 우리의 '북한인권법' 제정 의지가 강력함을 다시 한번 확인했다. 하지만, 북한 인권 운동을 하는 전문가들 위주로 모였고, 일반 국민의 참여는 미미했다. 그 큰 장소가 절반 정도만 찼기 때문에 썰렁한 가운데 포럼을 진행했다.

포럼을 마친 후, 우리 북한인권법 100일 국민캠페인이 그때까지 진행되는 동안 제작한 푯말들을 참석자 모두가 들고서 우리의 북한인권법 제정 의지를 확고히 했다.

11월 15일(금), 47일째

'북한인권법 제정 촉구 포럼'을 마친 후, 캠페인 시작 시간인 1시에 맞춰서 부랴부랴 캠페인 장소로 갔다. 오전에 포럼을 진행했다고 해서 캠페인을 건너뛸 수는 없는 노릇이었다.

'강철민' 남북대학생총연합 공동대표는 청년사업가이기도 하다. 무엇보다도 내가 북한인권법의 제정을 위해 애써야겠다는 결심을 하도록 영감과 동기를 제공한 장본인이다.

자유통일을 이루고 북한에 복음을 전파해야 한다는 비전을 공유하는 귀한 동지이기 때문에 늘 고맙다.

강철민 · 남북대학생총연합 공동대표

11월 16일(토), 48일째

길거리에서 매일 2시간을 지내면서 아주 다양한 사람들을 만났다. 그중에는 전혀 모르는 사람들이 태반이었고 조금 아는 사람이 지나가기도 했지만 잘 아는 사람들을 만나는 것은 드문 일이었다.

최수경 대표님은 캠페인 당시 잘 아는 사이는 아니었다. 서로 얼굴과 이름만 알고 지냈는데, 길을 지나다 나를 보고는 적극적으로 캠페인에 참여하셨다. 바쁜 와중에도 사진만 찍는 것은 미안하다면서 한사코 푯말을 들고 나를 대신해 서 계셨다.

11월 18일(월), 50일째

아, 딱 절반을 왔다. 50일째…. 바람이 몹시 불었다. 빌딩 숲 사이로 휘몰아치는 바람이 세찼다. 겨울이 오고 있었다. 더 추워지면 어떻게 해야 하나 두렵기 시작했다. 세찬 바람을 헤치고 낯익은 얼굴이 보였다.

최수경 · 출판사 글마당 대표

김태민 · 전 뉴데일리 기자

인터넷 신문사 '뉴데일리'의 김태민 기자님이었다. 사실 캠페인 장소가 신문사들이 모여 있는 광화문이어서 북한인권법 100일 국민캠페인을 진행하는 지금까지 몇몇 아는 기자들과 마주쳤다.

그러나, 실망스럽게도 내가 참여를 권했을 때 '기자' 신분을 거론하며 대부분 부드럽게 거절했다. 아니, '북한인권법'의 당위성을, 북한 주민의 참상을 누구보다 잘 아는 사람이 기자이지 않은가. 또 자유와 정의의 수호자를 기자라 하지 않던가. 그런 중에 즉시 캠페인에 참여한 김태민 당시 뉴데일리 기자님의 참여는 더 돋보였다.

11월 21일(목), 53일째

고영일 변호사님은 내가 캠페인을 시작했던 초기에 길에서 나를 보셨다. 보신 후, 나를 식사에 초대해 크게 격려해주셨다.

그 후, 53일째 되는 날 다시 길에서 뵙게 되었다. 일전에 잘 아는 변호사님이 조심스럽다는 이유로 참여를 거절했었던 터라 고영일 변호사님께 참여를 권유하기도 조심스러웠다. 그런데 고 변호사님은 기꺼이 참여해주셨다.

11월 29일(금), 61일째

오늘의 표어는 "대한민국 국회! 뭐하세요?" 우리 캠페인의 표어들이 너무 얌전하다는 의견을 들었기 때문에 대한민국 국회를 향한 도발적인 말을 해보았다.

당시 '전국대학생북한인권협의회' 회장이었던 김이환 님이 찾아왔다. 고려대 북한학과 학생이기도 한 그는 북한 인권 운동을 학생으로

서 꾸준히 해온 분. 11월 말, 날은 춥고 찾아오는 분은 적었지만 이날 거리 시민의 참여가 이어져서 겨우 버틸 수 있었다.

고영일 · 변호사

김이환 · 전 전국대학생북한인권협의회 회장

12월 2일(월), 64일째

한 남성 분이 길을 찾아 이리저리 헤매고 계셨다. 호기심에 바라보니 차동길 단국대학교 천안캠퍼스 교수님이셨다. 예비역 준장이시기도 하다. 일전에 모임에서 우리 캠페인을 알렸고 그때 교수님께서도 쏙 참여하고 싶다고 하셨다.

차동길 · 단국대학교 교수

현장에 오셔서 캠페인에 참여하시는 모습에 '약속'을 지키는 사람에 대한 존경을 다시금 하게 되었다.

12월 3일(화), 65일째

홍순경 위원장님은 탈북민이다. 대한민국에 와 있는 3만여 명 탈북

홍순경 · 북한민주화위원회 위원장

민 사회의 큰 어른이며 리더다. "우리가 할 일을 해주니 고맙다"고 하셨다.

탈북 시인 장진성 님은 "탈북자는 먼저 온 미래"라고 말씀하셨다. 3만여 명의 탈북민들은 우리에게 '먼저' 온 통일이자 우리가 당장 끌어안고 함께해야 할 형제자매다.

우리 땅에 와 있는 탈북민도 따뜻하게 끌어안지 못한다면 통일의 그 날이 왔을 때, 북한 주민과 하나 되기가 어려울 것이다.

김재헌(오른쪽) · 고등학생

12월 4일(수), 66일째

이날은 아주 젊은 친구가 참여했다. 고등학생인 김재헌 님. 주저 없이 참여하는 모습에서 우리 대한민국의 미래가 밝다고 느꼈다. 2013년 당시 고등학생이었던 김재헌 님은 현재 어엿한 고려대학교 학생이 되어 있다.

통일시대의 주역이 될 우리 통일세대를 위해서 '북한인권법'을 즉시 제정해야 한다.

김석원 · 평양시민회 회장

강인오 · 시민단체 '같이갑시다' 대표

12월 7일(토), 69일째

김석원 님과 강인오 님 두 분 모두 거리에서 처음 뵙게 되었다. 두 분을 모두 잘 알지는 못하지만, 신념을 갖고 참여하시는 모습에 감사와 존경을 느꼈다.

제4장

우리보다 더 큰 세계인의 관심

북한 동포를 해방시킵시다!
소련 식민지에서 왕조독재에, 전체주의에 신음하는
북한 동포에게 자유를!
북한을 해방시켜야 광복 완성!

인보길 · 뉴데일리 대표이사

2013년 11월 15일 '북한인권법 제정 촉구 포럼' 참석자들의 메시지

더 적극적으로 참여하는 외국인들

핀란드, 영국, 말레이시아, 독일, 네덜란드, 캐나다, 미국, 노르웨이, 벨기에, 프랑스, 인도, 스페인, 싱가포르, 파키스탄, 베네수엘라, 중국….

지도에서만 보았던 국가에 사는 외국인들이 '북한인권법 100일 국민캠페인'에 참여를 했다. 놀랐다. 광화문 동아일보 앞을 지나가는 외국인이 수많은 것에 놀랐고, 그들 중 많은 분이 '북한인권법' 통과를 위한 사진서명에 흔쾌히 동의하고 참여하는 것에 더욱더 놀랐다.

그리고 씁쓸했다. 서 있는 2시간 동안, 300명의 한국인 중 많아야 5명의 국민이 사진서명에 참여했다면, 지나치는 10명의 외국인 중 2명이 북한인권법 통과를 위한 사진서명에 참여했기 때문이다.

Hani · 싱가포르

Sara · 모로코

12월 10일(화), 72일째

이날은 12월 10일, '세계 인권의 날'. 1948년 제3회 유엔총회에서는 세계 인권 선언(Universal Declaration of Human Rights, UDHR)을 채택했고, 세계 인권 선언의 보급에 관한 결의를 했다. 그리고 선언이 채택된 12월 10일을 정식으로 세계 인권의 날로 정했다. 세계 인권 선언은 '모든 인간은 태어나면서부터 자유로우며 존엄과 권리에 관해 평등하다'는 기본 정신을 담고 있다. 북한인권법 통과를 위한 캠페인을 진행하는 입장에서 이 인권의 날을 맞이하는 마음가짐이 비장했다.

한 무리의 외국인들이 뛰듯 걸어가는 모습이 보였다. 그들은 북한반인도범죄철폐국제연대(International Coalition to Stop Crimes Against Humanity in North Korea, ICNK) 회원들이었다. 이 단체는 국제인권감시

기구(Human Rights Watch, HRW), 국제사면위원회(Amnesty International, AI), 한국의 열린북한방송 등 20여 개 국제 인권단체의 연합체다. 또 북한인권조사위원회가 유엔에서 결성되고 북한 인권 보고서가 발표되는 데에 큰 기여를 한 단체이기도 하다. 이 회원 단체들의 주역들이 정부청사 외교부를 향해 가고 있었던 것이다. 영국, 미국, 스위스, 일본, 한국의 회원들이 모여서 북한인권법 100일 국민캠페인에 참여하니 참으로 늦깊었다.

김진태 · 새누리당 국회의원

12월 11일(수), 73일째

입법을 담당하는 현역 국회의원 중, '김진태' 의원님께서 처음으로 우리 북한인권법 100일 국민캠페인에 동참하셨다. 지역구인 춘천에 다녀오느라 일정이 맞지 않았지만, 우리와의 약속을 지키기 위해서 저녁 늦게라도 캠페인 장소인 동아일보 앞으로 오셨다.

김진태 의원님은 우연히 참여한 것도 아니었다. 북한인권법 100일 국민캠페인에 대한 설명을 들은 후, 적극적으로 참여할 것을 결정하신 것이어서 의미가 더 깊었다.

국민캠페인에, 그것도 북한 주민을 위해 북한인권법 제정을 촉구하는 캠페인에 국민의 한 사람으로서 국회의원이 참여하는 것은 마땅한 일이다. 그러나 우리 현실이 그러한가. 많은 국회의원이 지역구 관리에만 마음을 쏟느라 북녘땅 북한 주민들을 위해 제정돼야 마땅한 북한인권법은 안중에도 없는 것이 현실이다. 그래서 2013년 당시 9년째 북한인권법이 통과되지 못했던 것이다. 그런 와중에 김진태 의원님의 참여는 그야말로 빛이 났다.

12월 12일(목), 74일째

아… 오늘은 본격적으로 눈보라가 휘몰아쳤다. 찾아오는 이도 없다. 지나가는 시민은 눈바람을 피해 고개를 푹 숙이며 다닌다. 그런 분들에게 차마 푯말을 들고 사진 찍자는 말도 안 나왔다. 외국인 1명이 지나갔다. 혹시나 하는 마음에 말을 걸어보았다.

그는 놀랍게도 웃으면서 참여에 동의했다. 페헤브(Feheb)는 인도에서 왔다. 이날의 참여자는 그와 나, 그리고 김기수 부대표 단 3명이었다. 우산을 쓰고 비닐로 된 비옷도 입어보았지만 세찬 눈바람은 견디기 어려웠다.

공개처형 자행하는
북한정권,
우리동포 살립시다!
'북한인권법' 만들라
Enact North Korean Human Rights Act!

Feheb · 인도

'비가 오나 눈이 오나 쉬지 않습니다'라는 말을 지키는 것이 이다지도 어려운 것이었다. 말을 쉽게 뱉지 말 것이며, 뱉었으면 반드시 지켜야 한다는 생각을 했다. 북한 주민의 고통을 생각하면서 북한인권법을 통과시키겠다는 신념과 의지로, 만인에게 공개적으로 약속한 말을 지켜내야 한다는 그 다짐으로 눈보라도 비바람도 견뎌낼 수 있었다.

12월 13일(금), 75일째

이제 한 달이 채 남지 않았다. 날은 추워져만 간다. 오늘 아침, 푯말을 만들면서 소식을 들었다. 북한의 2인자 장성택이 재판도 없이 잔혹하게 처형되었다는 뉴스였다. 아, 그렇게 강력한 권력자도 마구 죽여버리는 북한정권인데, 일반 북한 주민이 겪는 인권유린은 어찌해야 할지 기가 막혔다.

영국에서 온 오스카(Oskar)에게 오늘의 끔찍한 뉴스를 설명해 주었다.

Oskar · 영국

12월 19일(목), 81일째

김석우 원장님께서는 전 통일원 차관이셨다. 현재 북한 인권 운동을 더 활발히 하고 계시다. 만날 때마다 크게 격려해주시고, 함께해주셔서 참으로 고마운 분이다. 이날 동아일보 방송국에 가시다가 나를 보고 기꺼이 참여하셨다.

김석우 · 21세기국가발전연구원 원장

앞서 말했듯이 우리 '북한인권법통과를위한모임'의 영문 이름은 Now! Act for North Koreans!를 줄인 NANK다. 북한인권법이 통과되기 전에는 '북통모'로서 활동하고, 북한인권법이 통과되고 자유통일의 그 날이 오면 NANK로서 통일 운동과 사회 통합 운동을 하려는 생각에서 NANK로 결정했던 것이다.

12월 20일(금), 82일째

2013년 12월 제19대 국회에서는 '북한인권법안' 5개가 계류 중이었다.

새누리당 국회의원 5명(윤상현, 황진하, 이인제, 조명철, 심윤조)이 각각 대표발의한 '북한인권법안'들이었다(지금은 2014년 11월 김영우 새누리당 국회의원이 대표발의한 '북한인권법안' 하나로 통합되어 있다. 제7장 참조). 당시 북한인권법안의 대표발의자 중 한 분인 심윤조 의원님께서 북한인권법안 발의자 5명 중 처음으로 우리 북한인권법 100일 국민캠페인에 참여하기로 하셨다. 북통모 회원들이 미리 전화를 드려 우리 캠페인에 대해 설명했고, 이에 참여하시기로 결정한 것이다. 오스트리아 대사 출신의 심 의원님은 캠페인 장소에 오셔서, "얼마나 춥냐"며 따뜻한 음료수들을 건네주셔서 깊이 감사했었다.

북한인권법안을 대한민국 국회에 발의한 국회의원 당사자가 우리 캠페인에 관심을 갖고, 참여했다는 점에서 크게 격려를 받았고, 힘을 얻을 수 있었다.

심윤조 · 새누리당 국회의원

12월 24일(화), 86일째

크리스마스이브였다. 심윤조 의원님에 이어서 '조명철' 새누리당 국회의원님께서 캠페인 현장에 오셨다. 조 의원님은 탈북자다. 북한에 고향을 둔 탈북자 출신 첫 국회의원이다. 크리스마스가 되어도 고향에 갈 수 없는 탈북자의 아픔을 조 의원님의 말씀을 통해서 느낄 수 있었다.

당시 국회에 계류 중이던 5개의 북한인권법안 중 북한정권의 속성을 가장 정확하게 이해하고 작성된 것이 조명철 의원님께서 대표발의한 북한인권법안이라고 생각했었다. 조 의원님은 "우리가 해야 할 일을 대신해주니 고맙고 미안하다"는 말씀을 연신 하셨다.

김일성 주체사상이라는 '종교' 아래에서 종교의 자유도 박탈당한 북한 주민들이 예수 그리스도의 성탄을 누릴 수 있을 리가 만무하다. 북한 땅에 복음이 전해지길 간절히 기도했다.

조명철 · 새누리당 국회의원

김동환 뉴욕 대학교 학생도 참여하였다. 뉴욕에서부터 페이스북으로 연락하며 꼭 참여하고 싶다고 했던 분이다. 드디어 크리스마스이브에 친구 김지수 이화여자대학교 학생과 함께 와서 참여하였다. 젊은 두 친구의 참여가 감동적이었다.

김동환 · 뉴욕 대학교 학생

12월 25일(수), 87일째

행복하고 거룩한 크리스마스다. 거리 분위기도 들떠 있었다. 외국인을 고려해서 우리 캠페인 폿말에는 늘 'Enact North Korean

Human Rights Act!(북한인권법 제정하라!)'라는 영문을 우리말 표어와 함께 썼다.

오늘은 크리스마스고 기독교인으로서 아기 예수님의 탄생과 사랑의 의미를 북한 주민들에게 알려야 한다는 사명을 품고 있기 때문에, '북한 그 땅끝까지'란 표어를 사용하기로 우리 북한인권법통과를위한 모임 회원들과 합의했다.

스티븐(Steven)과 니콜(Nicole)은 아버지와 딸이다. 이 부녀는 캐나다에서 왔다.

Steven(남), Nicole(여) · 캐나다

우리 모임 회원들은 크리스마스를 위해서 집회신고를 하고, 작은

북한인권법통과를위한모임 회원들

'거리 음악회'를 준비했다. 기타 하나 들고서 북한 주민의 자유와 인권 수호를 위해 우리는 한목소리로 노래를 불렀다.

찬송가도 부르고, 탈북민 친구를 위해서 김기수 부대표가 직접 작사, 작곡한 노래도 불렀다. 거리를 지나는 시민이 우리를 주목하였다.

12월 27일(금), 89일째

이제 우리 북한인권법 100일 국민캠페인이 완료될 때까지 불과 11일 남았다. 군 장군 출신의 황진하 새누리당 국회의원님께서 캠페인 장소에 오셨다. 북한인권법안을 대표발의한 5명 중 한 분이다.

황진하 · 새누리당 국회의원

황 의원님은 북한인권법안이 통과되지 못하는 것에 대해 야당을 비판하셨다. 국회의원 한 분 한 분이 '국민캠페인'에 국민으로 참여함으로써, 북한인권법 100일 국민캠페인이 목적 달성을 향해 나아가는 듯 보였다.

여이레 · 경희대학교 학생

12월 28일(토), 90일째

한 여대생이 찾아왔다. 영어도 잘하고 격려의 음료수도 갖고 온 착한 친구. 여이레 님과의 첫 만남이었다.

페이스북상에서만 서로를 좋아해주었는데, 실제로 만나니 더 반갑고 기뻤다. 이제 그녀는 우리 북한인권법통과를위한모임의 정식 회원이다. 또한 뜻을 함께하는 모임 때마다 만나는 동지다.

12월 31일(화), 93일째

2013년의 마지막 날. 북한인권법 100일 국민캠페인을 시작한 우리는 제320회 정기국회에서 북한인권법 제정이 이루어지길 바라면서 정성껏 93일을 달렸다. 그러나… 정기국회 회기는 끝나버리고 북한인권법은 다시 통과가 무산되었다.

송다솜 · 한동대학교 국제법률대학원 학생

북한인권법을 또! 통과시키지 못하고 보내는 2013년의 마지막 날. 기가 막히고, 안타까웠다. 이날 함께한 송다솜 님은 한동대학교 국제법률대학원 후배다. 본래 '북한인권시민연합'에서 간사로 북한 인권 운동을 하다가, 우리 대학원에 입학하였다. 나를 열렬히 응원해주는 따뜻한 후배가 참 고마웠다. 이렇게 우리의 2013년이 지나가고 있었다.

제5장

100일을 향하여

북한인권법이 조속히 제정돼
북한 인민의 자유와 인권이
하루빨리 되찾아지기를 희망합니다.

강철환 · 『수용소의 노래』 저자, 북한전략센터 대표

북한에 있는, 중국을 떠도는 대한민국 국민인
북한 주민들의 자유와 생명을 위해….

한여름 · 서강대학교 대학원 학생

2013년 11월 15일 '북한인권법 제정 촉구 포럼' 참석자들의 메시지

춥고 추운 광화문 거리

9월 말에 100일 국민캠페인을 시작하면서 '생각이 짧은 덕분에' 전혀 고려하지 못한 것이 있었다. 그것은 바로 곧 닥쳐올 '추위'. 11월 초가 되면서부터 춥기 시작하는데, 그 추위는 11월 말이 돼가면서 심해졌다. 특히 광화문 빌딩 숲 사이로 청계천이 '바람골' 역할을 하고 있음을 그제서야 깨달았다. 광화문 바람이 이렇게 매섭고 세찬지 미처 알지 못했다.

2013년 첫눈이 내리던 날. 나는 첫눈을 맞으면서 홀로 서 있었다. 너무 춥기도 하고 괜히 처량하기도 했다. 누가 시켜서 하는 일도 아니고 스스로 시작한 일인데, 하소연할 데도 없었다. 그러던 중 눈발이 날리는 먼발치에서 다가오는 한 사람. 바로 김풍년 고문님이었다. 이 캠페인 첫날부터 참여하셔서 거의 매일같이 캠페인 장소에 오신 70대 중반 나이의 심 고문님. 우리 북한인권법 캠페인의 양 기둥은 여사와 노인인 셈이었다. 그렇게 2013년 첫눈을 우리 둘이 맞이했다.

추운 겨울의 광화문 거리는 단 20분도 서 있기 어려웠다. 시야를 가릴 정도로 눈은 날리고 손발은 시려 죽겠고. 특히 얼굴이 추워서 다음 날에는 귀마개를 꼭 해야겠다고 다짐했다. 강한 바람이 몰아치니까 푯말은 자꾸 부러질 듯이 휘었다. 푯말이 역풍으로 부러지지 않도록 나는 추워도 도리어 바람이 오는 방향을 향해 서 있어야 했다. 추운 바람을 온몸으로 맞으면서 길거리에 서 있자니, 아… 쉽지 않았다. 2시간이 언제 끝나나… 시계만 보게 되었다.

자장면 한 그릇

하루는 캠페인의 절반, 즉 1시간을 마치고 시계는 2시를 향하고 있었다. 점심을 부실하게 먹어서인지 배가 고프기 시작하는데, 자장면 한 그릇을 먹으면 참 좋을 것 같았다. 2시부터 캠페인이 완료되는 3시까지 내 머릿속에는 온통 자장면 생각으로 가득 찼다.

그러면서 든 생각이 지금 내 온몸과 마음이 오직 먹을 것에만 쏠려 있듯 진짜 배고픈 사람은 자유, 인권을 말할 여유조차 없겠다는 것이었다. 또한, 나는 이제 캠페인이 끝나면 자유롭게 자장면을 사 먹으면 되는데, 북한정권하의 북한 주민들은… 먹고 싶어도 먹을 것이 없고, 지금 같은 세상에 굶어 죽고 있으니…. 나는 그런 북한정권하에서 단

하루도 견뎌낼 성싶지 않았다.

Ashley · 영국

1월 1일(수), 94일째

정기국회가 끝났지만, 우리의 북한인권법 100일 국민캠페인은 완료되지 않았다. 왜냐하면 짧게는 100일까지 6일이 남아 있었고, 무엇보다도 '북한인권법'이 여전히 통과되지 못했기 때문이다. 새해 첫날을 어김없이 캠페인 장소에서 보냈다.

2014년 새해 첫날에도 영국에서 온 애슐리(Ashley)를 통해서 세계인의 인권의식과 인간에 대한 애정을 확인하였다.

1월 2일(목), 95일째

1월 3일(금), 96일째

불과 4일을 남겨놓고 있다. 10월 중순, 12월 초 그때는 과연 언제 끝날까 막막하기만 했는데, 이제는 여기까지 우리를 하나가 되게 하여

인지연(필자) · 북한인권법통과를위한모임 대표

이끌어온 이 캠페인이 끝나간다 생각하니 서운하기까지 했다.

북한인권법은 과연 언제 통과되는 것일까. 북한 인권 개선의 단초를 제공할 북한인권법이 제정되면, 진짜로 자유통일이 시작되고 앞당겨질 것이라는 확신이 우리를 여기까지 이끌어왔다.

1월 4일(토), 97일째

영국에서 온 휴(Huw), 트리샤(Tricia), 앨런(Alan)은 조용히 우리 캠페인에 대해 설명을 듣더니, 주저 없이 참여하였다. 이렇듯 세계인들의 참여는 매일같이 이어졌다.

독일에서 온 토마스(Thomas)는 남과 달리 푯말을 기울여 들어서 아직도 기억에 남는다. 역시 사람들은 생각도 방식도 다양하다.

그러나, '북한 주민'의 자유와 인권을 원하는 우리 마음은 동일하게 하나!

Huw, Tricia, Alan · 영국(왼쪽부터)

Thomas · 독일

1월 6일(월), 99일째

아… 이제 단 하루만 남았다. 페이스북을 통해서 하루만 남았음을

Peter · 네덜란드

알게 된 분들께서 많이 오셨다. 오늘 오셔서 참여한 분들만 네덜란드에서 온 페터르(Peter)를 포함하여 모두 23명. 우리의 소중했고 힘겹고 보람이 가득했던 100일을 이렇게 채워온 것이 믿기지 않았다.

제6장

그 결과…

自由을 위한 行動.

이인제 · 새누리당 국회의원

2013년 11월 15일 '북한인권법 제정 촉구 포럼' 참석자들의 메시지

100일! 대한민국 국회에서!

2014년 1월 7일 화요일! 드디어 100일째 되는 날….

나름 치밀하게 짠 일정에 따라서 제일 먼저 우리 북한인권법통과를 위한모임 회원들과 아침에 여의도 국회의사당에서 모였다. 미리 약속을 잡은 황우여 당시 새누리당 대표님을 만나기 위해서 국회의사당 본청 건물 새누리당 대표실로 갔다.

이 100일째 되는 날 대한민국 국회의원들에게 우리의 '북한인권법 100일 국민캠페인' 사진첩을 전달하기 위해서, 당시 90일째까지 참여했던 사람들의 사진을 모은 사진첩을 제작했다. 그리고 우리는 황우여 대표님께 그 소중한 사진첩을 전달했다.

그 후 국회의사당 본청 안에 있는 국회 기자회견실인 '정론관'에서 우리가 한 캠페인 보고를 기자들 앞에서 하였다. 정론관에서 한 발표는 김진태 의원님의 도움으로 일정을 잡을 수 있었다. 당시 북한인권

연합뉴스

북한인권법 촉구 서명 사진첩 전달받는 황우여 대표

기사입력 2014-01-07 14:26 0

(서울=연합뉴스) 황우여 새누리당 대표(가운데)가 7일 국회 대표최고위원실에서 '북한인권법 통과를 위한 모임' 회원으로부터 '북한인권법 촉구 국민 300명 서명 사진첩'을 전달받고 있다. 2014.1.7

<<새누리당>>

zjin@yna.co.kr

▶연합뉴스앱 ▶인터랙티브뉴스 ▶화보

법 발의자로 심윤조 의원님께서 정론관에 직접 와 우리의 보고회에 참석하셨고 311명(90일째까지 참여자 숫자다. 100일째까지 참여자는 401명이며, 이후 100일간의 참여자 모두가 담긴 사진첩을 또 300권 제작하여 국회의원 300명 전원

에게 배포했다)의 사진서명이 담긴 사진첩을 전달받으셨다.

100일째 날, 우리가 대한민국 국회 정론관에서 300명의 국회의원에게 전달한 메시지는 하나였다. 북한인권법 제정을 미루면서 더 이상 북한 주민들에게 죄짓지 말라는 것. 우리 사진서명에 참여한 401명 전원의 메시지는 대한민국 국회의원들을 향한 경고이자 함성이었다.

401명의 사진, 이름, 참여 날짜, 소속을 명시해서 제작한 '북한인권법 100일 국민캠페인' 사진첩

73일째

"새누리당, 민주당은 평양 가서 살아봐라! '북한인권법' 즉시 제정하라!"

김진태, 국회의원(새누리당)

Younes, 시민(프랑스)

캠페인 보고

심윤조 의원에게 사진첩 전달

북한인권법통과를위한모임의 회원들, 심윤조 의원

'북한인권법' 통과를 위한 국민캠페인 100일 보고회
자유통일을 위한
우리의 시대적 사명
'북한인권법'
반드시 제정하라!
북한인권법!
미국통과! 일본통과!
유럽통과!
대한민국엔 없어요
Now! Act for North Koreans!
맞아죽고 굶어죽고
얼어죽는 북한주민
살리는 시작!
'북한인권법' 만들라
Enact North Korean Human Rights Act!

그
결과…

401명! 우리들의 승리!

100일을 달려왔다니….

그 100일 동안 결국 북한인권법은 제정되지 못했지만, 100일을 꼬박 매일같이 북한인권법 제정을 외쳐온 우리가 장하고 장했다. 100일의 감격과 기쁨을 표현하고자 100일간 매일 만들어온 86개의 퐃말을 모두 차에 실어서 동아일보 앞으로 가져왔다. 마음 같아서는 100명이 넘는 사람들이 모두 퐃말을 위로 치켜들고 만세를 불렀으면 싶었다. 하지만, 모인 우리는 20명 남짓.

그때, 당시 데일리NK 기자였던 구준회 님이 퐂말을 바닥에 깔면 어떻겠느냐고 제안하였다. 너무나 멋진 아이디어였다. 86개의 퐂말을 동아일보 앞 거리 바닥에 깔아놓고 보니, 무슨 설치미술 작품과 같았다. 형형색색의 퐂말들이 한목소리로 외치고 있었다. 북한 주민의 자유와 인권을 위하여! 북한인권법을 제정하라고!

사람의 마음을 감동시킨 우리!

100일 국민캠페인이 끝난 다음 날, 기사를 검색하다가 깜짝 놀랐다. 황우여 당시 새누리당 대표가 새누리당 최고중진연석회의에서 우리의 캠페인에 대해 언급한 기사를 발견했기 때문이다.

"이분들의 이념을 초월한, 순수한 어느 누구도 비난하기보단 자신의 주장을 당당하고 품위 있게 주장하는 시위의 경과를 들으면서 큰 감동을 받았다. 이분들의 인권 운동을 높이 평가하고 국회가 그 뜻을 수렴해야 하겠다. 새해에는 수많은 절대 다수의 국민적 염원인 북한인권법 통과에 여야의 힘을 모아야겠다."

아… 우리 100일의 바람이 결코 헛된 것이 아니었다. 우리의 정성이 사람의 마음을 감동시킨 것이다. 2014년에는 북한인권법이 꼭 통과될 수 있을 거라는 희망이 솟았고, 그 성취에 우리가 작은 기여라도 했다는 생각에 크게 기뻤다.

연합뉴스

황우여 "여야, 북한인권법 통과에 힘 모아야"

기사입력 2014-01-08 08:23 최종수정 2014-01-08 08:52 0

황우여 "북한인권법 통과에 여야 힘을 모아야" (서울=연합뉴스) 진성철 기자 = 황우여 새누리당 대표가 8일 국회 대표최고위원실에서 열린 최고중진연석회의에서 "새해에는 북한인권법 통과에 여야가 힘을 모아야한다"고 말하고 있다. 왼쪽부터 황 대표, 정몽준, 이재오 의원. 2014.1.8 @yna.co.kr

(서울=연합뉴스) 심인성 기자 = 새누리당 황우여 대표는 8일 "새해에는 절대 다수 국민의 염원인 북한인권법 통과를 위해 여야가 힘을 모아야 한다"고 말했다.

황 대표는 이날 국회에서 열린 최고중진연석회의에서 북한인권법 통과를 위한 시민모임이 전날 '국민캠페인 100일 대장정 보고서'를 당에 전달한 사실을 거론하면서 북한인권법 제정을 촉구했다.

황 대표는 "이 분들이 지난해 9월30일부터 어제까지 2인 시위 또는 소규모 시위를 벌이고 서명을 받았는데 이념을 초월해 순수하게 자신들의 주장을 품위 있게 주장한 시위에 대한 경과를 듣고 큰 감동을 받았다"면서 "이분들의 인권운동을 높이 평가하고 이제는 국회가 그 뜻을 수렴해야 한다"고 강조했다.

황 대표는 이어 "박근혜 정부의 경제정책 방향인 내수 활성화와 일자리 창출은 불가분의 관계에 있고, 이중 특히 시급한 것은 청년 일자리 문제"라면서 "청년 일자리 확충을 위해 정부가 지자체와 연계해 각 대학에서 일자리 정보를 잘 제공할 수 있도록 하고, 또 중소기업 정보 제공 및 알선 노력도 강화해야 한다"고 당부했다.

sims@yna.co.kr

▶연합뉴스앱 ▶인터랙티브뉴스 ▶화보

대한민국 국회의원 300명 전원에게 사진첩 300권 전달

2014년 1월 7일, 100일째의 감격이 채 식기 전에, 당초에 목적했던 대로 우리 국민의 이 함성과 경고가 담긴 사진첩을 300명 국회의원 전원에게 전달할 방도를 모색했다. 뜻이 있는 곳에 길이 있다고 하지 않던가. 300권의 사진첩을 제작할 재원을 확보할 수 있었고 제작을 주문하였다.

당시 필자는 미국 변호사 시험을 다시 보기 위해서 미국으로의 출국을 앞두고 있었다. 마음이 놓이지 않았지만 불가피했다. 북한인권법통과를위한모임 임원들에게 국회의원 300명 전원에 사진첩을 배포하는 문제를 일임하고 출국하였다. 미국에서 전화상으로 당시 갓 출범한 '올바른북한인권법을위한시민모임(올인모)'과의 연대를 결정하고, 우리 북통모와 올인모가 연대하여 국회의원 300명 전원에게 100일간의 기록이 고스란히 담긴 사진첩 300권을 전달할 수 있었다.

100일간을 이끌었던 말의 힘, 86개의 표어

100일 동안, 마법의 주문을 외웠다고나 할까. 기독교 신자인 나로

대한민국 국회는
북한인권법 즉시 통과시켜라!

NANK
북한인권법 통과를 위한 모임

2013년 9월 30일 ~ 2014년 1월 7일 광화문 동아일보 앞
북한인권법통과를위한모임 일동

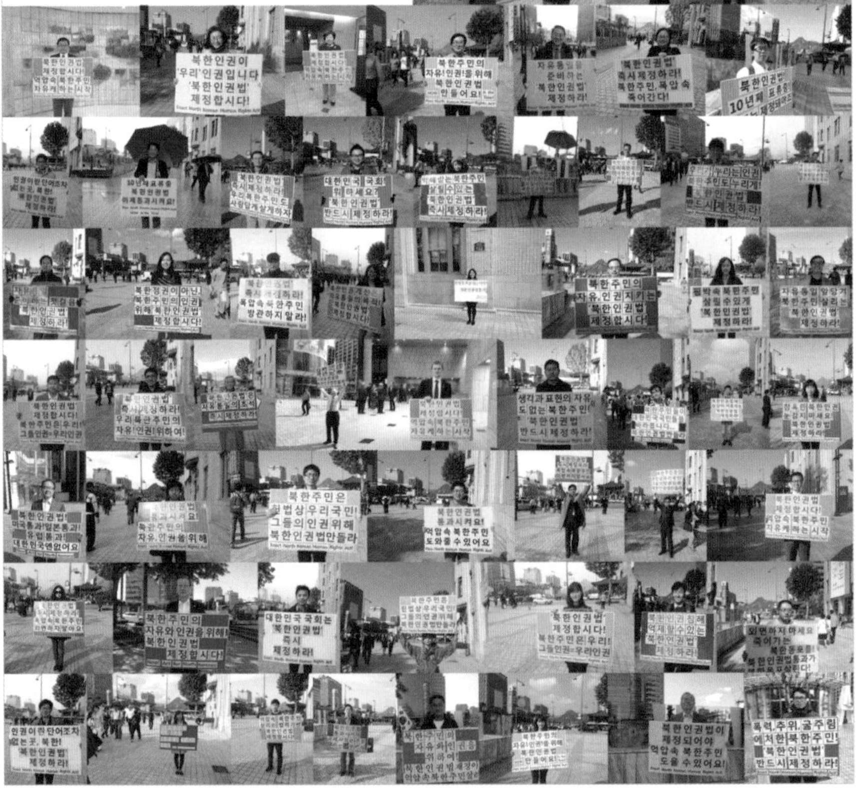

서는 거의 비슷하면서도 조금씩 다른 86개의 표어를 매일 하나하나 만들어내면서 기도를 하였다. 대단한 정성이 아닐지라도 우리가 쏟는 시간이 쌓이고 쌓여 우리의 열망인 '북한인권법'이 통과되기를, 이 소원 들어주시기를 기도하였다.

2명이 푯말을 만드는 데 걸리는 시간은 꼬박 1시간. 나는 표어를 생각해내고, 출력하고, 틀에 맞춰 네모 모양을 그렸다. 도와주시는 분이 네모 선을 따라 자르면, 그 후 내가 큰 판에 붙였다.

나는 캠페인 지킴이로서 매일 푯말을 제작하고, 캠페인에 나가고, 진행에 책임을 다했다. 매일 하는 일은 생각보다 일상에 큰 영향을 끼친다는 것을 절감하였다. 캠페인 진행에 차질이 생길까 봐 캠페인 진행 전과 후에 생길 변수를 없애는 등 생활을 단순하게 해야 했다.

100
days

100일간의 참여자

401
people

401인
(중복 참여 715인)

참여자의 이름은 무순으로 명시하며, 괄호 안의 숫자는 해당 날짜에 참여한 사람의 총수다. 이름 뒤의 괄호는 참여자가 밝힌 당시의 개인정보다. 매일매일 참여하는 사람의 숫자가 중요하고, 같은 분들이 중복 참여하는 것도 소중했기 때문에 중복 누계로 집계하였다. 중복 누계는 715인이다. 더불어, 중복을 제외한 참여자의 수는 401인이다.

1 2013년 9월 30일(월) • 첫날

북한 동포 살리는 시작! 북한인권법 통과!

Now! Act for North Koreans!

김기수(고려대학교 대학원 북한학과 학생), 김유미(회사원),
김풍년(북한인권법통과를위한모임 고문), 박영성(엔지니어),
서범준(회사원), 이지원(대학원생),
인지연(북한인권법통과를위한모임 대표) • 7명

2 2013년 10월 1일(화) • 2일째

북한인권법? 그게 뭐죠? 북한동포 살리는 시작!

Now! Act for North Koreans!

김지영(미국 변호사), 주동식(프리랜서 기자), 인지연 • 3명

3 2013년 10월 2일(수) • 3일째

북한인권법! 10년째 표류 중! 이제는 제정돼야죠
북한 동포 살리는 희망!

Now! Act for North Koreans!

김영일(목사), 김진철(시민), 남민희(시민), 맹천수(시민운동가),
박용윤(시민), 이우충(시민운동가), 이유정(시민), 최병윤(시민),
Shikefeng(중국), 김정아(전 북한군 장교·방송인),
조충수(전도사), 심천섭(회사원), 인지연 • 13명

4 2013년 10월 3일(목) • 4일째

외면하지 마세요 죽어가는 북한 동포를!
북한인권법 통과가 북한 동포 살린다!

김태식(회사원), 송용희(시민운동가), 이정남(시민),

홍의표(시민), 홍정식(시민운동가), 조갑제(조갑제닷컴 대표),

David(미국), 인지연 • 8명

5 2013년 10월 4일(금) • 5일째

북한 주민의 자유와 인권을 위하여!
북한인권법 제정이 억압 속 북한 주민 살려!

강승완(선교사), 김하곤(시민운동가), 박세환(목사),

조성은(주부), 김형석(시민운동가), 서병근(대한민국지킴이연대 대표), 최용호(시민운동가), 인지연 • 8명

6 2013년 10월 5일(토) • 6일째

북한 주민의 자유와 인권을 위하여!
북한인권법 제정합시다!
Now! Act for North Koreans!

김화조(종로신문 대표이사), 오나경(주부),

이석호(시민), 이정희(시민), 전우진(시민), 최수경(시민),

김기수, 김풍년, 인지연 • 9명

7 2013년 10월 6일(일) • 7일째 (휴식)

8 2013년 10월 7일(월) • 8일째

북한 주민의 자유! 인권! 위하여!
북한인권법 통과에 동참합시다!

Now! Act for North Koreans!

서예훈(북한인권법통과를위한모임 홍보국장),
인보길(뉴데일리 회장), 윤종선(시민), 인지연 • 4명

9 2013년 10월 8일(화) • 9일째

북한 주민의 자유! 인권! 우리가 지킬 수 있어요.
북한인권법 통해!

Now! Act for North Koreans!

공석영(박사), 박규만(시민), 이청자(목사), 최낙영(미국 변호사),
Margherita(이탈리아), 인지연 • 6명

10 2013년 10월 9일(수) • 10일째

북한 주민들이 대한민국 국민을 바라봅니다…
북한인권법 만들라!

Now! Act for North Koreans!

이상신(시민), 홍훈표(작가), 정영훈(시민), 정재훈(시민), 박영성, 인지연 • 6명

11 2013년 10월 10일(목) • 11일째

자유와 인권의 북한인권법 만들자!

Now! Act for North Koreans!

김종갑(시민), 조희수(사업가), 이찬양(시민), 박영성, 김하곤, 김풍년, 최용호, 인지연 • 8명

12 2013년 10월 11일(금) • 12일째

북한인권법! 미국 통과! 일본 통과! 유럽 통과!
대한민국엔 없어요!

Now! Act for North Koreans!

안찬일(탈북민 제1호 박사·교수), Dan(강사·미국), 성향경(시민), 서연희(주부), 김풍년, 인지연 • 6명

13 2013년 10월 12일(토) • 13일째

북한인권법!
억압 속 북한 주민 위한 대한민국의 당연한 의무!

Now! Act for North Koreans!

이은정(주부), 강재천(시민운동가), 주옥순(엄마부대봉사단 대표), 변희재(미디어워치 대표), 김인수(미국 변호사), 윤희정(회사원), 조형태(시민운동가), 홍석찬(시민운동가), 김풍년, 김하곤, 최용호, 낙도(시민), 인지연 • 13명

14 2013년 10월 13일(일) • 14일째 (휴식)

15 2013년 10월 14일(월) • 15일째

북한 주민의 자유! 인권!을 위해 북한인권법 만들어요!

NOW Is the Time!
Pass North Korean Human Rights Act!

문동희(북한인권학생연대 대표), 김지연(바이트 기자), 인상희(주부), 김형욱(시대정신 청년위원회 위원장), 이정민(고려대학교 학생), 이홍식(시민), 인지연 • 7명

16 2013년 10월 15일(화) • 16일째

10년째 표류 중, 북한인권법 이제 통과시켜요!

Pass North Korean Human Rights Act!
NOW Is the Time!

허용범(새누리당 동대문갑 당협위원장), 전준성(가천대학교 학생), 조영환(시민운동가), 최서방(시민), 심천섭, 주동식, 인지연 • 7명

2013년 10월 16일(수) • 17일째

17

국군포로, 납북자, 이산가족 문제! '북한인권법'으로 도울 수 있어요!

Pass North Korean Human Rights Act!

안찬일, 김하곤, 김지영, 인지연 • 4명

2013년 10월 17일(목) • 18일째

18

북한인권법 통과시켜야! 국제사회는 관심! 우리는 무관심!

Pass North Korean Human Rights Act!

Irene Herrera(베네수엘라), Margaret(네덜란드), Kees(네덜란드), Gerda Ehrlich(북한인권운동가·독일), 이애란(북한전통음식문화연구원 원장), 박상학(자유북한운동연합 대표), 김정아, 인지연 • 8명

19 2013년 10월 18일(금) • 19일째

북한인권법 통과시켜요!
억압 속 북한 주민 도와줄 수 있어요!

Pass North Korean Human Rights Act!

김설송(서울대학교 학생), 권혁철(자유경제원 이사), 장일동(교수), 조희수, 서범준, 김하곤, 맹천수, 김풍년, 인지연 • 9명

20 2013년 10월 19일(토) • 20일째

북한인권법 통과시켜요!
북한 주민의 자유, 인권을 위해!

Enact North Korean Human Rights Act!

김정호(프리덤팩토리 대표·연세대학교 특임교수), 서석구(변호사), 육지만(시민), 박홍식(시민운동가), 이계성(시민운동가), 김동렬(작가), 인지연 • 7명

21 2013년 10월 20일(일) • 21일째 (휴식)

22 2013년 10월 21일(월) • 22일째

북한정권이 아닌, 북한 주민의 인권 위해 '북한인권법' 제정합시다!

Enact North Korean Human Rights Act!

오유나(미국 변호사), 조혜은(미국 변호사), 양희성(대학 강사), 최은주(대학원생), 최윤식(이북도민연합회 사무국장), 최진규(반공포로), 안찬일, 인지연 • 8명

23 2013년 10월 22일(화) • 23일째

북한 주민의 자유, 인권 지키는 '북한인권법' 제정합시다!

Enact North Korean Human Rights Act!

한정석(미래한국 편집이사), 민영기(시민운동가), 정창화(목사), 임은주(시민운동가), 김영민(기자), 최종세(시민운동가), 주동식, 인지연 • 8명

24 2013년 10월 23일(수) • 24일째

북한인권법이 제정되어야 억압 속 북한 주민 도울 수 있어요!

Enact North Korean Human Rights Act!

배정호(통일연구원 박사), 박범진(북한인권시민연합 고문), 이우충, 김봉년, 최용호, 심선십, 인지연 • 7명

25 2013년 10월 24일(목) • 25일째

북한인권법 제정합시다!
억압 속 북한 주민 자유케 하는 시작!

Enact North Korean Human Rights Act!

박성준(동국대학교 학생), 이미일(6·25전쟁 납북인사가족협의회 이사장), 이태희(미국 변호사·목사), 원재천(한동대학교 교수), Mareck(폴란드), Dan(시민운동가·미국), 김규남(박사·폴란드), 최용호, 인지연 • 9명

26 2013년 10월 25일(금) • 26일째

북한 인권이 '우리' 인권입니다! '북한인권법' 제정합시다!

Enact North Korean Human Rights Act!

김청오(시민), 이충석(시민), 김의균(시민), 전문수(목사), 박주희(바른사회시민회의 실장), 권은경(ICNK 사무국장), 김다선(엔케이워치 팀장), 이대원(시민), 이시영(시민), 이희(MBCEconomy 기자), 조희수, 최용호, 김풍년, 인지연 • 14명

27 2013년 10월 26일(토) • 27일째

북한 주민은 헌법상 우리 국민!
그들 인권 위해 북한인권법 만들라!

Enact North Korean Human Rights Act!

류태성(탈북민 시민운동가), Sara(모로코),
허광일(탈북민 시민운동가), 조성일(StoryK 운영위원),
김영자(북한인권시민연합 사무국장), 최용호, 인지연 • 7명

28 2013년 10월 27일(일) • 28일째 (휴식)

29 2013년 10월 28일(월) • 29일째

'북한인권법' 제정합시다!
북한 주민은 우리! 그들 인권 = 우리 인권

Enact North Korean Human Rights Act!

박기정(웨이브 신문 발행인·스탠퍼드 대학교 학생),
Naimahhashim(말레이시아), 황승희(시민운동가),
류자상(시민운동가), 김하곤, 서범준, 최용호, 인지연 • 8명

30 2013년 10월 29일(화) • 30일째

북한 인권 개선은 자유통일의 목적!
'북한인권법' 제정합시다!

Enact North Korean Human Rights Act!

하임숙(한동대학교 국제법률대학원 학생), 정베드로(북한정의연대 대표), 추선희(어버이연합 사무총장), 최안나(북한정의연대 자원봉사자), 서범준, 최용호, 인지연 • 7명

31 2013년 10월 30일(수) • 31일째

억압 속 북한 주민 살리는 법적 기반,
'북한인권법' 제정합시다!

Enact North Korean Human Rights Act!

김은영(북한인권시민연합 팀장), Lilian Lee(북한인권시민연합 팀장·미국), 김미리(북한인권시민연합 팀장), Michele(북한인권시민연합 인턴·미국), 김건우(가톨릭 대학교 학생), 김태식, 김정아, 김풍년, 서예훈, 인지연 • 10명

32 2013년 10월 31일(목) • 32일째

참혹한 북한 인권! 눈감지 마세요! 북한인권법 제정하라!

Enact North Korean Human Rights Act!

김진영(대학생), 인지연 • 2명

33 2013년 11월 1일(금) • 33일째

북한 인권 참상 외면하지 마요!
'북한인권법' 제정하라!

Enact North Korean Human Rights Act!

변종국(동아일보 기자), 김문수(전 경기도지사·새누리당 대구 수성갑 당협위원장), 황승희, 류자상, 조희수, 최용호, 인지연 • 7명

34 2013년 11월 2일(토) • 34일째

자유통일을 준비하는 '북한인권법' 제정하라!

Enact North Korean Human Rights Act!

황장수(미래경영연구소 소장), 전계운(충북대학교 학생), 최용호, 인지연 • 4명

35 2013년 11월 3일(일) • 35일째 (휴식)

36 2013년 11월 4일(월) • 36일째

북한 인권침해 샅샅이 기록하는 북한인권법 제정하라!

Enact North Korean Human Rights Act!

김기수 • 1명

37 2013년 11월 5일(화) • 37일째

'북한인권법' 제정이 자유통일의 길!

Enact North Korean Human Rights Act!

김기수 • 1명

38 2013년 11월 6일(수) • 38일째

핍박 속 북한 주민 살릴 수 있게 '북한인권법' 제정하라!

Enact North Korean Human Rights Act!

김진수(자유조선방송 기자), 김정아, 김풍년, 김설송, 인지연 • 5명

39 2013년 11월 7일(목) • 39일째

북한 인권침해 억제할 수 있는 '북한인권법' 제정하라!

Enact North Korean Human Rights Act!

오경섭(세종연구소 박사), 오인석(사업가), 신원섭(사업가), Hani(싱가포르), Hasanah(싱가포르), 하임숙, 김하곤, 김태식, 인지연 • 9명

40 2013년 11월 8일(금) • 40일째

자유통일 앞당겨 북한 주민 살리는 '북한인권법' 제정하라!

Enact North Korean Human Rights Act!

이주선(SK경영경제연구소 전문연구위원), 이봉국(시민), 김건우, 김풍년, 박성준, 조희수, 인지연 • 7명

41 2013년 11월 9일(토) • 41일째

'북한인권법' 제정하라! 북한 주민 살릴 수 있는 희망!

Enact North Korean Human Rights Act!

이종혁(시민), 최용호, 인지연 • 3명

42 2013년 11월 10일(일) • 42일째 (휴식)

43 2013년 11월 11일(월) • 43일째

북한 주민 향한 우리의 사랑 표현
'북한인권법' 제정하라!

Enact North Korean Human Rights Act!

권녕하(시민), 이희문(북한자유인권글로벌네트워크 대표), David(영국), 김풍년, 김하곤, 인지연 • 6명

44 2013년 11월 12일(화) • 44일째

자유통일 준비하는 첫걸음! '북한인권법' 제정하라!

Enact North Korean Human Rights Act!

김민상(공정사회실천연대 본부장), 김형석(시민운동가), 주동식, 김풍년, 박성준, 인지연 • 6명

45 2013년 11월 13일(수) • 45일째

통일한국의 시작! 북한인권법 제정!
우리 마음에서 먼저 시작됩니다!

Enact North Korean Human Rights Act!

제성호(중앙대학교 법학전문대학원 교수), 김정아, 황승희, 류자상, 김하곤, 심천섭, 인지연 • 7명

46 2013년 11월 14일(목) • 46일째

인권이란 단어조차 없는 곳, 북한! '북한인권법' 제정하라!

Enact North Korean Human Rights Act!

황선영(당시 죽전고등학교 학생·현재 동국대학교 학생), 구준회(데일리NK 기자), 김종택(시민), 이복화(열린북한방송 PD), 박성국(열린북한방송 PD), 여봉현(열린북한방송 스태프), 정혜영(열린북한방송 스태프), 김보연(열린북한방송 스태프), 정은주(열린북한방송 스태프), 박선례(열린북한방송 스태프), 김충열(열린북한방송 스태프), 김태홍(열린북한방송 스태프), 강신삼(열린북한방송 대표), 박진양(열린북한방송 스태프), 소현민(열린북한방송 스태프), 김상미(열린북한방송 스태프), 노영래(열린북한방송 스태프), 김동수(시민), 김다선, 심천섭, 인지연 • 21명

47 2013년 11월 15일(금) • 47일째

북한 주민의 자유와 인권 위해 '북한인권법' 반드시 제정하라!

Enact North Korean Human Rights Act!

정진호(시민), 안지은(시민), 강철민(남북대학생총연합 공동대표), 강경채(시민), 원태연(대학원생), 김소희(북한인권시민연합 간사), 김성준(한국외국어대학교 학생), 김하곤, 김설송, 인상희, 인지연 • 11명

48 2013년 11월 16일(토) • 48일째

'북한인권법' 즉시 제정하라! 폭압 속 북한 주민 방관하지 말라!

Enact North Korean Human Rights Act!

박성복(서울대학교 대학원생), 최수경(출판사 글마당 대표), 지만철(시민운동가), 윤형진(시민운동가), 류자상, 황승희, 인지연 • 7명

49 2013년 11월 17일(일) • 49일째 (휴식)

50 2013년 11월 18일(월) • 50일째

대한민국 국회는 '북한인권법' 즉시 제정하라!
Enact North Korean Human Rights Act!

김태민(전 뉴데일리 기자), 전준성, 김풍년, 김기수, 인지연 • 5명

51 2013년 11월 19일(화) • 51일째

'북한인권법'은 자유통일의 초석! 즉시 제정하라!
Enact North Korean Human Rights Act!

민성근(시민), 류자상, 김풍년, 박성준, 김기수, 인지연 • 6명

52 2013년 11월 20일(수) • 52일째

박해받는 북한 주민 살릴 수 있는 '북한인권법' 즉시 제정하라!
Enact North Korean Human Rights Act!

이정민, 이희문, 김지영, 인지연 • 4명

53 2013년 11월 21일(목) • 53일째

'북한인권법' 즉시 제정하라!
우리 북한 주민도 사람답게 살게 하자!

Enact North Korean Human Rights Act!

이인규(시민), 이장범(시민), 박길용(시민), 최종임(시민),

박영순(시민), 김대우(시민), 신덕례(시민),

이규호(시민운동가), 어대식(시민), 이종현(시민), 고영일(변호사),

Jennifer(캐나다), Kelly(캐나다), Jin(캐나다), 인지연 • 15명

54 2013년 11월 22일(금) • 54일째

'북한인권법' 즉시 제정하라!
우리 북한 주민의 자유! 인권! 위하여!

Enact North Korean Human Rights Act!

Edward Kim(미국), 이태훈(한동대학교 학생),

문동진(한동대학교 학생), Laura(미국), 박일남(물망초학교 교사),

박성준, 조희수, 김풍년, 이희문, 김설송, 인지연 • 11명

55 2013년 11월 23일(토) • 55일째

'북한인권법' 즉시 제정하라! 폭압 속 북한 주민 외면하지 마요!

Enact North Korean Human Rights Act!

김원창(시민), Cristina(스페인), Iniaki(스페인), 임소영(전도사), 김영남(시민), 이영환(당시 북한인권시민연합 팀장), 조의행(시민), 오성탁(시민운동가), 백승아(시민운동가), 홍석찬, 김하곤, 박영성, 박성준, 안찬일, 김풍년, 주동식, 인지연 • 17명

56 2013년 11월 24일(일) • 56일째 (휴식)

57 2013년 11월 25일(월) • 57일째

'북한인권법' 즉시 제정하라! 북한 주민, 폭압 속 죽어간다!

Enact North Korean Human Rights Act!

이창훈(시민), 우후남(시민), Evan(미국), Dan(미국), Christin(미국), 김염구(시민), 김기수, 윤희정, 문동희, 김하곤, 이희문, 인지연 • 12명

58 2013년 11월 26일(화) • 58일째

우리가 누리는 인권! 북한 주민도 누리게! '북한인권법' 반드시 제정하라!

Enact North Korean Human Rights Act!

유춘환(전 극동방송 이사), 안중규(시민운동가), 최중구(시민), 최영걸(시민), 김민우(중학생), 박성준, 서예훈, 황장수, 인지연 • 9명

59 2013년 11월 27일(수) • 59일째

폭력, 추위, 굶주림에 처한 북한 주민! '북한인권법' 반드시 제정하라!"

Enact North Korean Human Rights Act!

김성중(자유조선방송 국장), 이한별(시민), 황인철(1969년 KAL기 납치피해자가족회 대표), 정베드로, 김정아, 서범준, 김형욱, 권은경, 김풍년, 박선례, 이희문, 서예훈, 인지연 • 13명

60 2013년 11월 28일(목) • 60일째

생각과 표현의 자유도 없는 북한 주민!
'북한인권법' 반드시 제정하라!

Enact North Korean Human Rights Act!

서재평(북한민주화위원회 사무국장), 김영자, 홍훈표, 황선영, 인보길, 변희재, 인지연 • 7명

61 2013년 11월 29일(금) • 61일째

대한민국 국회! 뭐하세요? '북한인권법' 반드시 제정하라!

Enact North Korean Human Rights Act!

김이환(전 전국대학생북한인권협의회 회장), 심세창(시민), 김용옥(시민), 이보정(시민), 장재설(시민), 김지영, 조희수, 인지연 • 8명

62 2013년 11월 30일(토) • 62일째

자유를! 인권을! 북한 주민에게!
'북한인권법' 반드시 제정하라!

Enact North Korean Human Rights Act!

Dennis(미국), 최용호, 이종혁, 강재천, 인지연 • 5명

63 2013년 12월 1일(일) • 63일째 (휴식)

64 2013년 12월 2일(월) • 64일째

2,500만 북한 주민도 헌법상 우리 국민!
'북한인권법' 반드시 제정하라!"

Enact North Korean Human Rights Act!

박인호(데일리NK 대표), 이광백(자유조선방송 대표), 박지민(자유조선방송 스태프), 최옥화(자유조선방송 스태프), 차동길(단국대학교 교수), 양철원(시민), 박종주(시민), 김광식(시민), 인상희, 심천섭, 김진수, 인지연 • 12명

65 2013년 12월 3일(화) • 65일째

북한 주민의 희망은 대한민국의 우리!
'북한인권법' 반드시 제정하라!

Enact North Korean Human Rights Act!

홍순경(북한민주화위원회 위원장), Alex(독일), 서범준, 박성준, 김하곤, 김정아, 인지연 • 7명

66 2013년 12월 4일(수) • 66일째

자유통일을 위한 우리의 시대적 사명! '북한인권법' 반드시 제정하라!

Enact North Korean Human Rights Act!

한대현(당시 고등학생), 김재헌(당시 고등학생·현재 고려대학교 학생), 정진호, 서범준, 김풍년, 인지연 • 6명

67 2013년 12월 5일(목) • 67일째

세계최악, 사상최악 인권탄압국 북한! '북한인권법' 반드시 제정하라!

Enact North Korean Human Rights Act!

Anna(미국), 이지연(시민), 조의행, 김정아, 인지연 • 5명

68 2013년 12월 6일(금) • 68일째

북한 주민의 고통 외면하는 국회는 '북한인권법' 즉시 제정하라!

Enact North Korean Human Rights Act!

Amir(선교사·파키스탄), Keshav(인도), 조희수, 김풍년, 최용호, 인지연 • 6명

69 2013년 12월 7일(토) • 69일째

대한민국 국회는 더 이상 미루지 말고 '북한인권법' 즉시 제정하라!

Enact North Korean Human Rights Act!

김석원(평양시민회 명예회장), 채병희(국정원을지키는모임 대표), 박종진(시민운동가), 김관현(시민운동가), 장기정(자유청년연합 대표), 강인오(같이갑시다 대표), 서예훈, 황승희, 김하곤 • 9명

70 2013년 12월 8일(일) • 70일째 (휴식)

71 2013년 12월 9일(월) • 71일째

북한정권의 가혹한 인권유린 중지돼야! '북한인권법' 즉시 제정하라!

Enact North Korean Human Rights Act!

이복산(시민), Rosie(영국), 최우원(부산대학교 교수), 김풍년, 김기수, 김하곤, 김건우, 인지연 • 8명

72 2013년 12월 10일(화) • 72일째

오늘, 세계인권의 날! '북한 주민도' 자유롭게 평등하게 살게! '북한인권법' 만들라!

Enact North Korean Human Rights Act!

Michael(벨기에), Hans(독일), 양승현(당시 고등학생), 이호택(피난처 대표), 맹주현(피난처 간사), 김봉식(시민), 류호재(미국 변호사), Christian(미국), Benedict Rogers(Christian Solidarity Worldwide 동아시아 팀장·영국), Phil Robertson(Human Rights Watch 아시아 담당 부국장·미국), Jared Genser(변호사·미국), 송윤복(ICNK 회원·일본), Philippe(스위스), 황승희, 류자상, 박종진, 맹천수, 최수경, 김기수, 박성준, 권은경, 인지연 • 22명

73 2013년 12월 11일(수) • 73일째

새누리당, 민주당은 평양 가서 살아봐라! '북한인권법' 즉시 제정하라!

Enact North Korean Human Rights Act!

김진태(새누리당 국회의원), 정규재(한국경제신문 논설실장), Younes(프랑스), 전원태(시민), 최공재(한국다양성영화발전협의회 대표), 이완성(시민), 신철(시민), 김풍년, 서병근, 김기수, 서예훈, 김하곤, 인지연 • 13명

74 2013년 12월 12일(목) • 74일째

공개처형 자행하는 북한정권, 우리 동포 살립시다!
'북한인권법' 만들라!

Enact North Korean Human Rights Act!

Feheb(인도), 김기수, 인지연 • 3명

75 2013년 12월 13일(금) • 75일째

장성택 기관총 사형, 북한 주민 벌벌 떤다!
이래도 잠자는 국회, '북한인권법' 만들라!

Enact North Korean Human Rights Act!

Oskar(영국), Antoine(캐나다), 박진우(시민), 장유미(시민), 김지영, 김풍년, 조희수, 인지연 • 8명

76 2013년 12월 14일(토) • 76일째

김정은 공포정치에 떨고 있는 북한 주민, '인권'은 어디에?
'북한인권법' 만들라!

Enact North Korean Human Rights Act!

최병용(시민), Bole(벨기에), 이종혁, 김풍년, 최용호, 인지연 • 6명

77 2013년 12월 15일(일) • 77일째 (휴식)

78 2013년 12월 16일(월) • 78일째

맞아 죽고 굶어 죽고 얼어 죽는 북한 주민 살리는 시작! '북한인권법' 만들라!

Enact North Korean Human Rights Act!

김풍년, 서범준, 황장수, 인지연 • 4명

79 2013년 12월 17일(화) • 79일째

김정은 3대 세습독재하에서 죽는 북한 주민 살려낼 '북한인권법' 만들라!

Enact North Korean Human Rights Act!

류규현(학원 원장), 권소영(죽전고등학교 학생), 황선영, 인지연 • 4명

80 2013년 12월 18일(수) • 80일째

인권도 자유도 없이 죽어가는 북한 주민 살려내고 도와줄 '북한인권법' 만들라!

Enact North Korean Human Rights Act!

서병근, 서예훈, 인지연 • 3명

81 2013년 12월 19일(목) • 81일째

내 형제 북한 주민 폭력 속 죽어간다! 우리 이제 행동해요. '북한인권법' 만들라!

Enact North Korean Human Rights Act!

김석우(전 통일원 차관), 서경석(목사), 권민정(데일리NK 인턴기자), 주옥순, 정베드로, 이한별, 박영성, 전계운, 인지연 • 9명

82 2013년 12월 20일(금) • 82일째

재판도 없이 사람 죽이는 북한정권이 나라인가? '북한인권법' 만들라!

Enact North Korean Human Rights Act!

심윤조(새누리당 국회의원), Emily(미국), 조희수, 김풍년, 김정아, 인지연 • 6명

83 2013년 12월 21일(토) • 83일째

죽어가는 북한 주민 이대로 둬선 안돼! 자유통일 앞당기는 '북한인권법' 만들라!

Enact North Korean Human Rights Act!

최창식(시민), 변종연(고등학생), 인보길, 이종혁, 인지연 • 5명

84 2013년 12월 22일(일) • 84일째 (휴식)

85 2013년 12월 23일(월) • 85일째

'북한인권법' 만들라!
김정은 폭정 속에서 북한 주민 죽어간다! 그대로 둬선 안돼!
Enact North Korean Human Rights Act!

이익배(시민), 이명현(시민), 양진아(한동대학교 국제법률대학원 학생), 박영성, 김기수, 주동식, 김하곤, 서범준, 인지연 • 9명

86 2013년 12월 24일(화) • 86일째

Merry Christmas!
우리 북한 주민과 함께할 날 기다려요. '북한인권법' 만들라!

조명철(새누리당 국회의원), 김동환(뉴욕 대학교 학생), 김지수(이화여자대학교 학생), 인필교(회사원), 최종부(충북대학교 학생), 김민상, 인보길, 김정아, 김풍년, 인지연 • 10명

87 2013년 12월 25일(수) • 87일째 (성탄절)

Merry Christmas!
예수님의 사랑이 북한 그 땅끝까지!

Enact North Korean Human Rights Act!

박현성(카이스트 학생), 정성산(탈북민 뮤지컬 감독), 박상봉(명지대학교 교수), 정영지(고려대학교 학생), 석준우(고려대학교 학생), 김지혜(대학생), Steven(캐나다), Nicole(캐나다), 이종혁, 서예훈, 박성준, 김기수, 인지연 • 13명

88 2013년 12월 26일(목) • 88일째

정치범수용소에서 잔인하게 죽어가는 북한 주민 살려야!
북한인권법 만들라!

Enact North Korean Human Rights Act!

배은지(수도여자고등학교 학생), 박지훈(대학생), 황선영, 김풍년, 인지연 • 5명

89 2013년 12월 27일(금) • 89일째

대한민국 국회는 '북한인권법' 즉시 제정하라!
북한 주민, 기다린다!

Enact North Korean Human Rights Act!

황진하(새누리당 국회의원), Ryan Lee(미국), 장종화(시민), 장모세(시민), 임상학(시민), 김봉기(시민), 류자상, 김진수, 오경섭, 황장수, 박성준, 박영성, 조희수, 서예훈, 인지연 • 15명

90 2013년 12월 28일(토) • 90일째

저 죽어가는 내 형제에게 자유와 생명을!
북한 주민은 내 형제! 북한인권법 만들라!

Enact North Korean Human Rights Act!

여이레(경희대학교 학생), 구아름(한동대학교 국제법률대학원 학생), 오길남(박사), 박성현(뉴데일리 주필), 조성일, 인보길, 박영성, 박성준, 인지연 • 9명

91 2013년 12월 29일(일) • 91일째 (휴식)

92 2013년 12월 30일(월) • 92일째

고통의 멍에에 매여 있는 북한 주민들! 그들 위한 최소 노력! 북한인권법 만들라!

Enact North Korean Human Rights Act!

Raymond Ha(프린스턴 대학교 학생), 홍태표(시민), 박찬미(북한전략센터 스태프), 김수현(고려대학교 학생), 박영성, 인지연 • 6명

93 2013년 12월 31일(화) • 93일째

또! 그냥 지나가는 '북한인권법' 대한민국 국회는 새해! 꼭 제정하라!

Enact North Korean Human Rights Act!

송다솜(한동대학교 국제법률대학원 학생), 신동혁(북한인권 운동가), 박병은(국민대학교 학생), 김주석(명지대학교 학생), 김관민(고려대학교 학생), 이수현(시민), 장인혜(시민), 조슬기(시민), 전은영(시민), 김연(시민), 김혜원(시민), 김영근(세계한인네트워크 회장), 지문선(시민), 장경희(주부), 지승환(시민), 지수아(시민), Celia(중국), Joram(노르웨이), Francisco(노르웨이), 전준성, 인지연 • 21명

94 2014년 1월 1일(수) • 94일째

2014년 새해!
대한민국 국회는 '북한인권법' 반드시 제정하라!

Enact North Korean Human Rights Act!

Ashley(영국), 유영준(사단법인 물망초 간사), 임택부(시민), 인보길, 박성준, 인지연 • 6명

95 2014년 1월 2일(목) • 95일째

2014년 새해에는 북한 주민 사람답게 살게 도울 수 있는 북한인권법 만들라!

Enact North Korean Human Rights Act!

김재준(시민), 변희재, 인지연 • 3명

96 2014년 1월 3일(금) • 96일째

'북한인권법'은 자유통일의 시작! 이제, 미루지 말자.
북한인권법 만들라!

Enact North Korean Human Rights Act!

이정현(전 한국대학생포럼 대표), 박근목(시민), 이강림(시민), 심성우(시민), 류숙현(시민), 이영순(시민), 오세형(한동대학교 국제법률대학원 학생), 김강석(한동대학교 국제법률대학원 학생), 조희수, 김풍년, 인지연 • 11명

97 2014년 1월 4일(토) • 97일째

정치범수용소 해체! 억울하게 죽어가는 북한 주민 살려야! 북한인권법 만들라!

Enact North Korean Human Rights Act!

이용문(중학생), 홍형(시민), 노동만(시민),

이선영(고려대학교 대학원 학생), Huw(영국), Tricia(영국),

Alan(영국), Thomas(독일), 유성희(시민), 김혜연(시민),

우은경(한동대학교 국제법률대학원 학생), 장기정, 김하곤,

김영일, 인지연 • 15명

98 2014년 1월 5일(일) • 98일째 (휴식)

99 2014년 1월 6일(월) • 99일째

99일간 달렸습니다! 북한 주민 인권 위해! 자유통일의 시작, 북한인권법 만들라!

Enact North Korean Human Rights Act!

김도훈(시민), 정윤모(한세대학교 직원), 이지용(시민), 이주용(시민), 이태민(시민), 김영주(시대정신 팀장), 홍미옥(시민), 최인순(시민), 김경은(시민), Peter(네덜란드), 조덕행(시민), 김정철(시민), 동철(시민), 심재홍(시민), 김경희(시민), 김윤경(시민), 김현무(시민), 이원철(목사), 김인애(시민), 김기수, 김영일, 서범준, 인지연 • 23명

100 2014년 1월 7일(화) • 100일째

100일 캠페인 완료! 북한 주민의 자유와 인권을 위하여! 북한인권법 만들라!

Enact North Korean Human Rights Act!

정홍준(시민), 박중훈(시민), 류형준(대학생), 심현구(시민), 채대석(시민), 이찬길(시민), 김기수, 박성준, 서예훈, 김정아, 김풍년, 조의행, 인지연 • 13명

제7장

북한인권법이 뭐예요?

북한인권법 반드시 통과되길 바랍니다.

구준회 · 데일리NK 기자

북한인권법 제정은
북한 주민의 열렬한 소원입니다.

강신삼 · 열린북한방송 대표

2013년 11월 15일 '북한인권법 제정 촉구 포럼' 참석자들의 메시지

우리가 100일간 그토록 매일같이 끊임없이 외친, "북한인권법 통과시켜라."

대체 북한인권법이 무엇이기에 우리는 북한인권법의 제정을 절실히 원하는 것일까.

북한인권법이란

북한인권법은 하나, 북한 주민에게 살아갈 희망을 주는 법이다. 둘, 김정은 정권의 심장을 겨누는 법이다. 셋, 자유통일을 앞당기는 법이다. 즉 북한 주민에게 희망을 선물하고 김정은 정권을 붕괴시켜 자유통일을 가능하게 하는 법이다. 과연, 이런 상상 속에 있을 법한 일을

법 하나가 할 수 있는 것일까. 할 수 있다. 이하의 북한인권법의 내용을 짚어보면, 그 답을 구할 수 있다.

북한인권법이 필요한 이유 및 실효성

2014년 11월 18일, 제69차 유엔총회 제3위원회는 '북한인권결의안'을 찬성 111표, 반대 19표, 기권 55표의 압도적 표차로 통과시켰다. 그 결의안의 핵심은 북한인권조사위원회의 권고대로 북한정권의 인권침해가 최고위층의 정책에 따라 자행되는 국제법상의 반인도 범죄(Crimes against humanity)에 해당함을 확인하고, 이 같은 인권상황 및 인권침해의 책임자를 국제형사재판소에 회부할 것을 유엔안전보장이사회에 권고하는 내용을 담고 있다. 이에 북한인권결의안은 2014년 12월 18일경 유엔안전보장이사회에 정식 의제로 채택되었다.

북한인권결의안이 유엔총회에서 채택된 것은 2005년 이래 10년 연속이지만 사실상 북한의 최고책임자를 국제형사재판소에 회부하도록 권고하는 내용이 명시된 것은 처음이다. 북한정권에 의한 북한 주민의 인권침해 현실에 대해서 유엔의 북한인권조사위원회는 그 최종보고서에서 "북한의 인권침해는 조직적이고, 광범위하며, 심각하다(systematic, widespread and grave)"고 명시하고 있다. 이처럼 북한정권의 인권침해는 사상 최악, 세계 최악의 현실이며 북한정권 지도부가 범죄

집단임을 국제사회가 공식적으로 인정할 정도로 부정할 수 없는 사실이다.

미국은 2004년에 '북한인권법(North Korean Human Rights Act)'을 제정하였고, 일본은 2006년에 '납치문제 그 밖의 북한 당국에 의한 인권침해 문제의 대처에 관한 법률(拉致問題その他北朝鮮当局による人権侵害問題への対処に関する法律)'을 제정하였다. 그런데 유독 대한민국 국회에서는 2005년, 당시 한나라당의 김문수 의원이 '북한인권법'을 최초로 발의한 이래로 지금껏 11년째 제정되지 못하고 있는 현실이다.

북한인권법은 당연히 제정돼야 하는가? 과연 실질적 효과는 있는가?

이에 대해서, 다음과 같이 답할 수 있다. 북한인권법이 제정되면 첫째, 북한정권의 인권침해 행위를 사전에 간접적으로 억제할 수 있다. 둘째, 일관적, 실질적, 효과적인 북한 인권 개선 활동이 가능해진다. 셋째, 북한인권법 제정을 통해서 자유통일 준비를 시작할 수 있다.

북한인권법의 핵심 내용

위의 세 가지를 가능하게 하는 북한인권법의 내용은 다음과 같다. 북한인권법의 핵심 내용은 두 가지로 압축할 수 있다. 북한인권기록보존소 설치와 북한인권재단 설립이다. 이는 '북한인권법'이라 명명된 새누리당 '북한인권법안'의 내용에 포함된 것이다. 새정치민주연합의

'북한인권증진법안'에는 이 두 사항이 모두 부재하다. 북한인권기록보존소는 북한정권이 자행하고 있는 인권침해 사실들을 대한민국 정부 차원에서 법무부가 기록, 보존하는 부서를 말한다. 북한인권재단은 일관적, 효과적, 지속적인 북한 인권 개선 활동을 재정적으로 지원할 수 있는 재단이다.

북한인권법의 세 가지 실효성의 근거를 새누리당 '북한인권법안'과 새정치민주연합 '북한인권증진법안'의 내용에서 찾아보겠다. 첫째, 새누리당의 북한인권법안 제12조에서는 북한 인권침해 사례를 조사하고 관련 자료를 체계적으로 수집·신고접수·기록·보존하기 위하여 법무부에 북한인권기록보존소를 두도록 하고 있다. 반면에 새정치민주연합의 북한인권증진법안 제10조에서는 북한 주민의 인권 개선 사항과 관련된 각종 자료 및 정보의 수집·연구·보존·발간 등의 업무를 담당하기 위하여 통일부에 인권정보센터를 설치하도록 하고 있다.

북한정권의 인권침해를 사전에 억제하기 위해서 필요한 일은 대한민국이 정부 차원에서 북한정권의 인권침해 행위를 샅샅이 기록하고 있음을 북한정권에 알리고 실행하는 것이다. 북한정권이 자행하는 인권침해가 대한민국 법무부에 의해서 보고·기록·보존되며 이것이 이후 통일 청산작업에 사용된다는 사실을 북한정권이 인지할 때, 북한정권은 지금처럼 무자비하게 인권침해 행위를 지속하기 어려울 것이다.

북한정권에 의해 자행되는 인권침해는 '범죄'이며, 국제사회가 반인도범죄라고 공식적으로 규정하고 있다. 따라서 법의 집행기관이며 수사 및 기소 능력을 갖춘 법무부에 북한인권기록보존소를 설치할 때 소기의 목적을 달성할 수 있을 것이다. 남북대화, 남북관계 개선을 위해서 북한정권에 접근하는(access) 것을 중요시하는 통일부에 인권정보센터를 설치해봐야 인권침해 사전 억제 효과는 전혀 거둘 수 없을 것이다. 무엇보다도 북한 인권침해 사실은 '인권정보'가 아니라, 처벌받아야 할 '범죄'인 것이다.

둘째, 새누리당의 북한인권법안 제9조에서 정부가 북한 인권 실태를 조사하고 북한 인권 개선과 관련된 연구와 정책개발, 북한 주민에 대한 인도적 지원 등 국내외의 활동 등을 수행하기 위해 북한인권재단을 설립하도록 하고 있다. 반면에 새정치민주연합의 북한인권증진법안에는 북한 인권 개선 활동에 대한 재정적 지원 조항이 부재하다.

북한인권재단의 목적은 하나이며 분명하다. 일관적, 실질적, 효과적인 북한 인권 개선 활동을 지원하기 위한 것이다. 재정지원 없이 북한 인권 개선 활동을 일관되고 효과적으로 지속하기는 어려운 일이다. 북한인권재단에 대해서 새정치민주연합의 입장은 '대북풍선 날리는 단체'를 지원하기 위한 것이라며 반발한다. 그러나 실질적인 북한 인권 개선 활동을 위해서 북한인권지원재단은 필요한 장치다.

셋째, 북한 주민의 인권침해를 방지할 수 있을 때, 북한 주민의 자유를 확보할 수 있을 때 통일이 가능하며 이는 통일의 목적이기도 하다. 북한 주민의 인권침해 방지 조항이 있는 새누리당의 북한인권법안과 인도적 지원만을 강조하는 새정치민주연합의 북한인권증진법안 중 어느 것이 자유통일을 보장할 수 있을 것인지 자명하다.

왜 제정되지 못하고 있는가

위에서 살펴볼 수 있듯이, 새누리당과 새정치민주연합의 견해 차이는 매우 크다. 북한인권법안과 북한인권증진법안이라는 일견 비슷해 보이는 이름이지만, 그 내용과 관점의 차이가 크게 상이한 것이다. 북한인권법안이 인권침해에 대한 '보호'를 강조하는 반면에, 북한인권증진법안은 인권 상태의 '증진'에 초점을 두고 있다. 양당의 법안은 시작점부터 다르다. 게다가 새정치민주연합의 경우 보호를 강조하는 새누리당의 북한인권법안이 북한정권을 자극할 것이다, 남북관계에 지장을 준다는 입장을 내세운다.

인권침해를 자행하는 범죄집단으로부터 북한 주민을 보호하기 위해서는 북한인권법안의 내용이 관철돼야 마땅하다. 국제사회가 범죄자로 규정한 북한정권이다. 이 범죄집단의 범죄 행위로부터 북한 주민을 보호해야 한다.

북한인권법과 통일의 관계

북한인권법이 남북관계를 저해하고 장기적으로 통일에 있어 방해물이 된다는 입장도 있다. 사실은 그렇지 않다. 북한인권법이 제정되어 북한인권기록보존소를 통해 북한 인권침해를 감소시키고, 북한인권재단이 설립되어 일관되고 효과적인 북한 인권 개선 활동을 지속한다면, 우리가 그토록 바라는 통일 분위기가 조성되어 궁극적으로 자유통일이 앞당겨질 수 있다. 그러나 북한인권법이 내포한 영향력과 파괴력이 과소평가되고 있는 현실이다. 대한민국 국회는 북한인권법의 힘을 명확하게 파악하고 북한인권법을 조속히 제정해야 할 것이다.

무엇보다도 북한인권법 하나 제정하지 못하고 통일의 그 날이 왔을 때 우리는 북한 주민들에게 무엇이라 말할 것인가. 같은 형제자매가 죽어가고 있을 때 당신들은 무엇을 했느냐고 그들이 물을 때 우리는 아무 말도 할 수 없을 것이다. 북한인권법은 희망의 법이다. 북한 주민들에게 대한민국의 우리가 보내는 희망과 사랑의 메시지다. 이 점을 간과해서는 안 된다.

앞에서 살펴본 새누리당의 북한인권법안과 새정치민주연합의 북한인권증진법안의 본문을 궁금해할 사람도 있을 것이다. 따라서, 이 책에서는 북한인권법안과 북한인권증진법안의 원문(대한민국 국회 웹사이트 참조)을 싣는다.

제8장

대한민국 국회의 북한인권법안들

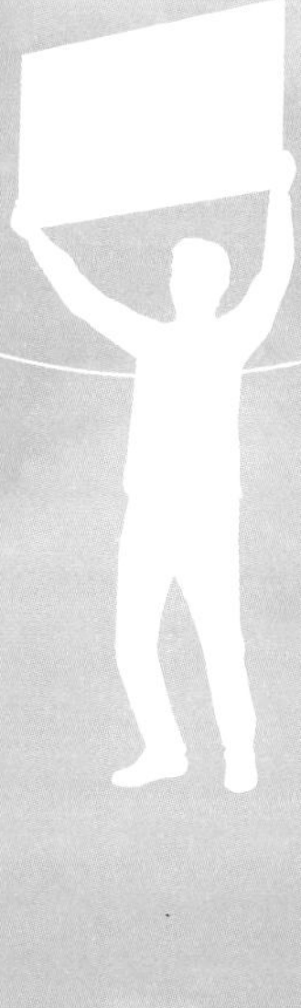

북한인권법은
자유대한민국이 북한 주민에게 줄 수 있는
최고의 선물이다.

이애란 · 탈북 여성 제1호 박사, 북한전통음식문화연구원 이사장

이번에 꼭 통과시켜야 한다.

정학진 · 변호사

2013년 11월 15일 '북한인권법 제정 촉구 포럼' 참석자들의 메시지

대한민국 제19대 국회의 북한인권법안 및 북한인권증진법안

현재 제19대 국회에는 새누리당의 김영우 의원이 대표발의한 '북한인권법안(2014. 11. 21.)'과 새정치민주연합의 심재권 의원이 대표발의한 '북한인권증진법안(2014. 4. 28.)'이 외교통일위원회에 상정되어 있다.

이는 2014년 11월 유엔에서 북한인권결의안이 채택되면서, 국제사회를 의식한 국회가 '북한인권법' 제정 의지를 새롭게 하여 각 당에서 각기 하나의 법안으로 통합발의한 것이다. 김영우 의원이 하나로 통합된 법안을 대표발의하기 전에 제19대 국회에서는 새누리당이 발의한 '북한인권법안'이란 이름의 다소 다른 내용의 5개 법안이 상정되어 있었다. 법안을 상정 순서대로 나열하면, 대표발의자 윤상현 의원(2012. 06. 01.), 황진하 의원(2012. 06. 15.), 이인제 의원(2012. 08. 20.), 조명철 의원(2012. 09. 05.), 심윤조 의원(2013. 03. 29.) 이상 5인의 의원들이 발의하였다.

새정치민주연합에서는 윤후덕 의원(2013. 07. 25.)이 대표발의한 북한민생인권법안, 심재권 의원(2012. 11. 15)의 북한인권증진법안이 발의돼 있었다.

새누리당의 '북한인권법안'과 새정치민주연합의 '북한인권증진법안'의 내용 및 비교 평가

새정치민주연합 북한인권증진법안의 제안 이유는 다음과 같이 명시되어 있다. "인권이란 일반적으로 유엔의 세계 인권 선언(1948)을 기초로 작성된 유엔의 '시민적 및 정치적 권리에 관한 국제규약(자유권, 일명 B규약, 1973)'과 '경제적·사회적 및 문화적 권리에 관한 국제규약(생존권, 일명 A규약, 1966)'•을 의미함." "북한 주민의 인권 증진을 위해서는 자유권 증진과 생존권 증진이 함께 추진되어야 하며 자유권 증진은 대

• 1966년에 '경제적·사회적·문화적 권리에 관한 국제규약(International Covenant on Economic, Social and Cultural Rights, ICESCR, A규약)'과 '시민적·정치적 권리에 관한 국제 규약(International Covenant on Civil and Political Rights, ICCPR, B규약)'이 UN총회에서 채택되었고 이들 규약은 35개국이 비준을 완료한 1976년 발효하였다.

북 인권 대화로, 생존권 증진은 인도적 지원으로 접근되어야 함."

그런데 자유권과 생존권 증진이 함께 추진되어야 한다는 북한인권증진법안은 그 세부 내용에서 스스로 자유권 확보보다는 생존권에 치중하고 있어 자기모순에 빠져 있다.

북한정권의 인권침해 행위를 기록, 평가하지 않고서 인권침해로부터 자유권 보장을 할 수 없을 것이다. 대북 인권 대화로써 자유권을 증진하겠다는 것은 인권침해자에 대한 징계와 처벌을 통하여 인권침해를 방지하겠다는 것이 아니라, '인권'이란 수식어를 붙인 또 다른 남북대화 창구에 그칠 것이란 우려를 낳는다.

또한 인도적 지원을 함에 있어서 북한인권법안에서는 국제적 기준 준수, 모니터링 관찰 감시 필수, 군사적 용도로 전용 금지 등과 같은 원칙을 준수하면서 지원할 것을 요구하고 있다. 반면에 북한인권증진법안에서는 북한정권에 인도적 지원을 할 때 반드시 요구되는 모니터링의 단서가 전혀 명시되어 있지 않다.

아래는 북한인권법안과 북한인권증진법안의 주요 내용을 표로 비교한 것이다.

결론적으로, 자유권과 사회권을 모두 고려한 새누리당의 '북한인권법안'이 최악의 인권침해를 당하고 있는 북한 주민에게 최소의 도움이 될 방안이라 생각한다. 생존권을 배제해서는 안 된다는 논리로 인도적 지원에만 초점을 둔 새정치민주연합의 '북한인권증진법안'은 북한 주민이 겪고 있는 인권침해를 방지할 장치가 미비하다. 북한 주민의 자

쟁점	북한인권법안 (새누리당)	북한인권증진법안 (새정치민주연합)
중점	자유권과 생존권	생존권
북한 인권 침해 기록	있음 '북한인권기록보존소'를 법무부에 설치 (제12조)	없음 '인권정보센터'를 통일부에 설치 (제10조)
인도적 지원	국제적 기준 준수, 모니터링, 군사적 용도로 전용 금지 등과 같은 원칙을 준수해야 하는 단서가 붙는 인도적 지원 (제7조)	통일부를 중심으로 하고, 모니터링 등의 단서 없는 인도적 지원 (제8조, 제9조)
북한 인권 개선 활동 지원	북한인권재단 (제9조)	없음

유권을 고려하지 않는 새정치민주연합의 북한인권증진법안은 북한 주민 인권 개선의 핵심이 결여된 것이다.

다만, 제19대 국회가 '북한인권법안'과 '북한인권증진법안'의 타협점을 찾되, '북한인권법안'의 핵심 사항을 고수하면서 북한 주민의 자유권과 생존권 모두를 아우르는 법안, 진정으로 인간의 존엄성과 '인권'을 존중하는 균형 잡힌 '북한인권법'을 제정하길 바란다.

북한인권법안

(김영우 의원 대표발의)

의안 번호	12600

발의연월일 : 2014. 11. 21.

발 의 자 : 김영우 · 김무성 · 주호영 · 정문헌 · 김재원 · 원유철 · 조해진 · 김태호 · 하태경 · 강창희 · 이완구 · 윤상현 · 황진하 · 박인숙 · 심윤조 · 유기준 · 정희수 · 홍문표 · 홍문종 · 김성찬 · 홍일표 · 류지영 · 김현숙 · 박창식 · 나성린 · 이이재 · 김용태 · 강석훈 · 김정록 · 이진복 · 이한성 · 김학용 · 김종훈 · 김세연 의원(34인)

제안이유

인권은 인간의 가장 기본적 권리이며 인류의 보편적 가치임. 인류 역사의 발전 과정 역시 인간이 인간답게 살아가기 위한 과정이었음. 북한 인권 문제 역시 이러한 관점에서 바라보아야 할 사안임.

그러나 수많은 북한이탈주민들의 증언과 국제기구의 보고에 따르면 북한의 인권상황은 매우 열악한 수준임. 북한 주민들은 인간이 누려야 할 최소한의 기본적 자유와 권리조차 보장받지 못하고 있는 실정임. 특히 어린이와 노약자들은 생존에 필수적인 식량, 의약품 등이 부족하여 건강과 생명에 위협을 받고 있는 상황임.

한민족 구성원 모두가 인간답고 행복한 삶을 누리기 위해서는 북한의 인권상황을 개선하기 위한 노력이 필요함. 북한의 인권상황을 정확하고 객관적으로 인식하고 이를 바탕으로 합리적인 해결방안을 모색해야 함. 이에 북한 주민의 인권을 보호하는 데 필요한 다양한 제도적 장치를 마련하고 시민사회 및 국제사회와 체계적으로 협력할 수 있는 방안을 구축함으로써 북한의 인권상황을 실질적으로 개선하기 위해 이 법을 제정하고자 함.

주요내용

가. 이 법은 북한 주민의 인권보호를 위해 필요한 사항을 규정함으로써 이들의 기본적 생존권을 확보하고 인권의 증진에 기여함을 목

적으로 함(안 제1조).

나. 국가는 모든 북한 주민이 인간으로서의 존엄과 가치를 가지며 행복을 추구할 권리가 있음을 확인하고, 정치·경제·사회·문화 등 모든 생활영역에 있어서 이들의 인권을 증진하기 위하여 모든 노력을 다하도록 함(안 제3조).

다. 북한 인권 관련 정책에 관한 자문을 위하여 통일부에 북한인권자문위원회를 두도록 함(안 제5조).

라. 통일부장관은 관계 중앙행정기관의 장과 협의하여 북한 인권 기본계획 및 집행계획을 수립하고, 이를 국회에 보고하도록 함(안 제6조).

마. 국가는 북한 주민에 대한 인도적 지원을 북한 당국 또는 북한의 기관에 제공하는 경우에는 국제적으로 인정되는 인도기준에 따라 전달·분배·감시되도록 하는 등의 사항이 준수되도록 함(안 제7조).

바. 국가는 북한 주민의 인권증진과 북한 주민에 대한 인도적 지원을 위하여 인적교류·정보교환 등과 관련하여 국제기구·국제단체 및 외국정부 등과 협력하고 북한 인권문제에 대한 국제사회의 관심

을 제고하기 위하여 노력하며, 이를 위해 외교부에 북한 인권 대외직명대사를 두도록 함(안 제8조).

사. 정부는 북한 인권실태를 조사하고 북한 인권개선과 관련된 연구와 정책개발, 북한 주민에 대한 인도적 지원 등 북한 인권개선을 위한 국내외의 활동 등을 수행하기 위해 북한 인권재단을 설립하도록 함(안 제9조).

아. 북한 인권침해 사례를 조사하고 관련 자료를 체계적으로 수집·신고접수·기록·보존하기 위하여 법무부에 북한인권기록보존소를 두도록 함(안 제12조).

북한인권법안

제1조(목적) 이 법은 북한 주민의 인권보호를 위해 필요한 사항을 규정함으로써 이들의 기본적 생존권을 확보하고 인권의 증진에 기여함을 목적으로 한다.

제2조(정의) 이 법에서 "북한 주민"이라 함은 군사분계선 이북지역(이하 "북한"이라 한다)에 거주하며 직계가족·배우자·직장 등 생활의 근거를 두고 있는 자를 말한다.

제3조(기본원칙 및 국가의 책무) 국가는 모든 북한 주민이 인간으로서의 존엄과 가치를 가지며 행복을 추구할 권리가 있음을 확인하고, 정치·경제·사회·문화 등 모든 생활영역에 있어서 이들의 인권을 증진하기 위하여 모든 노력을 다하여야 한다.

제4조(다른 법률과의 관계) 북한 인권에 관하여는 다른 법률에 우선하여 이 법을 적용한다.

제5조(북한인권자문위원회) ① 북한 인권 관련 정책에 관한 자문을 위하여 통일부에 북한인권자문위원회(이하 "위원회"라 한다)를 둔다.

② 위원회는 위원장 1명을 포함한 15명 이내의 위원으로 구성한다.

③ 위원장은 위원 중에서 호선하고, 위원은 북한 인권에 관하여 학

식과 경험이 풍부한 민간 전문가 중에서 통일부장관이 위촉한다.

④ 위원회는 필요한 경우 분과위원회를 둘 수 있다.

⑤ 그 밖에 위원회의 구성 운영 등에 필요한 사항은 대통령령으로 정한다.

제6조(북한인권기본계획 및 집행계획) ① 통일부장관은 관계 중앙행정기관의 장과 협의하여 3년마다 다음 각 호의 사항을 포함한 북한인권기본계획(이하 "기본계획"이라 한다)을 위원회의 자문을 거쳐 수립하여야 한다.

1. 북한 주민의 인권증진방안
2. 북한의 인권실태 조사방안
3. 북한 인권개선을 위한 국제적 협력
4. 북한의 인권, 인권실태 및 증진을 위한 국내외 교육 및 홍보방안
5. 북한 인권개선을 위한 활동 단체에 대한 지원 및 협력에 관한 사항
6. 북한 주민에 대한 인도적 지원

7. 그 밖에 북한 주민의 인권증진과 북한 주민에 대한 인도적 지원에 관하여 대통령령으로 정하는 사항

② 통일부장관은 기본계획에 따라 매년 북한 인권에 관한 집행계획(이하 "집행계획"이라한다)을 위원회의 자문을 거쳐 수립하여야 한다.

③ 통일부장관은 기본계획 및 집행계획이 수립된 때에는 이를 지체 없이 국회에 보고하여야 한다.

제7조(인도적 지원) ① 국가는 북한 주민에 대한 인도적 지원을 북한 당국 또는 북한의 기관에 제공하는 경우에는 다음 각 호의 사항이 준수되도록 노력하여야 한다.

1. 국제적으로 인정되는 인도(引渡)기준에 따라 전달·분배·감시되어야 한다.
2. 지원을 필요로 하는 북한 주민에게 전달되어야 한다.
3. 임산부 및 영유아 등 취약계층에 대한 지원이 우선되어야 한다.
4. 인도적 목적 외에 군사적 용도 등 다른 용도로 이용되지 아

니하여야 한다.

② 국가는 제1항의 지원 외에 민간단체 등이 시행하는 인도적 지원에 대하여도 제1항 각 호의 사항이 준수되도록 노력하여야 한다.

③ 통일부장관은 인도적 지원 업무 또는 활동에 종사하는 국내 기관 단체 간의 역할을 조정한다.

제8조(북한 인권을 위한 국제적 협력) ①국가는 북한 주민의 인권증진과 북한 주민에 대한 인도적 지원을 위하여 인적교류·정보교환 등과 관련하여 국제기구·국제단체 및 외국정부 등과 협력하며, 북한 인권문제에 대한 국제사회의 관심을 제고하기 위하여 노력하여야 한다.

② 이를 위하여 외교부에 북한 인권 대외직명대사(이하 "북한인권국제협력대사"라 한다)를 둘 수 있다.

③ 북한인권국제협력대사의 임무 자격 등에 관하여 필요한 사항은 대통령령령으로 정한다

제9조(북한인권재단의 설립) ① 정부는 북한 인권실태를 조사하고 북한 인권개선과 관련된 연구와 정책개발, 북한 주민에 대한 인도적 지

원 등 북한 인권개선을 위한 국내외의 활동 등을 수행하기 위해 북한인권재단(이하 "재단"이라 한다)을 설립한다.

② 재단은 법인으로 하며 그 주된 사무소의 소재지에 설립등기를 함으로써 성립한다.

③ 다음 각 호의 사업을 수행하며 각 호의 사업을 수행하는 별도의 담당기구를 둘 수 있다.

1. 북한 인권개선을 위한 다음 각 목의 사업
   가. 북한 인권실태에 관한 조사 연구
   나. 북한 인권개선을 위한 정책대안의 개발 및 대정부 건의
   다. 북한 인권 관련 시민사회단체에 대한 지원
   라. 북한 인권 관련 교육 홍보 및 출판
   마. 북한 인권개선을 위한 국제적 교류 및 협력 활동
   바. 그 밖에 통일부 장관이 지정하는 사업

2. 인도적 지원을 위한 다음 각 목의 사업
   가. 북한 내 인도적 지원 수요에 관한 조사 연구

나. 대북 인도적 지원을 위한 정책대안의 개발 및 대정부 건의

다. 대북 인도적 지원 관련 시민사회단체에 대한 지원

라. 대북 인도적 지원을 위한 국제적 교류 및 협력 활동

마. 통일부장관의 위탁에 따른 대북 인도적 지원

바. 정부 및 민간에 의한 대북 인도적 지원에 대한 모니터링

사. 그 밖에 통일부장관이 지정하는 사업

④ 그 밖에 재단의 설립에 필요한 사항은 대통령령으로 정한다.

제10조(재단의 운영) ① 재단은 다음 각 호의 재원으로 운영한다.

1. 정부의 출연금

2. 그 밖의 수입금

② 재단은 통일부장관의 승인을 받아 관계 법령의 규정에 따라 기탁금품을 접수할 수 있다.

③ 통일부장관은 재단을 지도·감독한다.

④ 통일부장관은 재단의 목적 달성을 위하여 필요한 때에는 관계 기관의 장에게 소속 공무원을 재단에 파견하도록 요청할 수 있다.

⑤ 재단에 관하여 이 법에 규정한 것을 제외하고는 「민법」 중 재

단법인에 관한 규정을 준용한다.

⑥ 그 밖에 재단의 운영과 지도·감독 등에 필요한 사항은 대통령령으로 정한다.

第11條(재단 임원의 구성) ① 재단에는 이사장 1명을 포함한 10명 이내의 이사를 두며 이사장은 북한 인권 및 인도적 지원에 관한 학식과 경험이 풍부한 사람 중에서 이사회의 제청으로 통일부 장관이 임명한다.

② 이사장과 정관으로 정하는 상근이사를 제외한 임원은 비상근으로 한다.

③ 이사장 및 이사의 임기는 3년, 감사의 임기는 2년으로 하되 1차에 한하여 중임할 수 있다. 다만, 당연직 이사의 임기는 그 재임기간으로 한다.

④ 그 밖에 재단 임원의 구성 등에 필요한 사항은 대통령령으로 정한다.

第12條(북한인권기록보존소) ① 북한 인권침해 사례를 조사하고 관련 자료를 체계적으로 수집·신고접수·기록·보존하기 위하여 법무부

에 북한인권기록보존소를 둔다.

② 법무부장관은 북한 인권침해 사례 조사 업무와 관련하여 필요한 경우에 관계 중앙행정기관 또는 지방자치단체의 장에게 협조를 요청할 수 있다.

③ 그 밖에 북한인권기록보존소의 구성 및 운영에 관한 사항은 대통령령으로 정한다.

제13조(국회보고) 통일부장관은 다음 각 호의 사항에 관한 보고서를 국회에 제출하여야 한다.

1. 제6조 제1항에 따른 북한 인권 기본계획
2. 제9조 제3항 제1호 가목에 따라 재단이 실시하는 북한 인권 실태 조사·결과
3. 그 밖에 북한 인권증진에 관하여 필요하다고 통일부장관이 인정하는 사항

제14조(북한인권증진을 위한 교육 홍보) ①통일부장관은 북한의 인권실태와 인권증진 방안에 관한 대국민교육 및 홍보대책을 마련 시행하여야 한다.

② 통일부장관은 북한 인권에 관한 사항을 「통일교육지원법」 제4조에 따른 통일교육 기본계획에 포함시켜야 하며, 교육부장관은 초·중등 교육과정에서 북한 인권에 관한 교육을 실시하도록 노력하여야 한다.

제15조(남북교류·협력의 강화) 국가는 남북 간 민간 차원의 교류·협력의 대상과 범위를 확대하는 등 남북교류·협력의 강화를 통한 북한 주민의 인권증진을 위하여 노력하여야 한다.

제16조 (관계 중앙행정기관 또는 지방자치단체의 협조) 통일부장관은 북한 인권과 관련하여 필요한 경우에는 관계 중앙행정기관의 장이나 지방자치단체의 장에게 협조를 요청할 수 있으며, 요청을 받은 관계 중앙행정기관의 장 또는 지방자치단체의 장은 특별한 사유가 없는 한 이에 응하여야 한다.

제17조 (재원의 안정적 확보) 정부는 이 법으로 규정에 국가의 책무 및 사업을 이행하기 위하여 필요한 재원을 안정적으로 확보하여야 한다.

제18조(권한의 위임·위탁) ① 통일부장관은 이 법에 따른 권한의 일부

를 대통령령으로 정하는 바에 따라 그 소속 기관의 장 또는 지방자치단체의 장에게 위임할 수 있다.

② 통일부장관은 이 법에 따른 권한의 일부를 대통령령으로 정하는 바에 따라 다른 행정기관의 장 또는 관련 법인·단체에 위탁할 수 있다.

제19조(벌칙 적용에 있어서의 공무원 의제) 다음 각 호의 임직원은 이 법에 따른 직무수행과 관련하여 형법 제127조와 제129조부터 제132조까지의 규정을 적용할 때에는 공무원으로 본다.

1. 제9조에 따른 재단의 임직원
2. 제18조 제2항에 따라 위탁받은 업무에 종사하는 법인이나 단체의 임직원

제20조(벌칙) 거짓이나 그 밖의 부정한 방법으로 이 법에 따른 지원금을 받은 자는 3년 이하의 징역 또는 3천만 원 이하의 벌금에 처한다.

부 칙

제1조(시행일) 이 법은 공포 후 6개월이 경과한 날부터 시행한다.

제2조(북한인권재단 설립준비) ① 통일부장관은 이 법 시행일부터 30일 이내에 7인 이내의 설립위원을 위촉하여 재단의 설립에 관한 사무를 처리하게 하여야 한다.

② 설립위원은 재단의 정관을 작성하여 통일부장관의 인가를 받아야 하며, 인가를 받은 때에는 지체 없이 연명(連名)으로 재단의 설립등기를 하여야 한다.

③ 설립위원은 재단의 설립등기 후 지체 없이 재단의 이사장에게 사무를 인계하여야 하며, 사무인계가 끝난 때에는 해촉된 것으로 본다.

④ 재단의 설립비용은 정부예산으로 부담한다.

북한인권증진법안

(심재권 의원 대표발의)

의 안 번 호	10321

발의연월일 : 2014. 4. 28.

발 의 자 : 심재권 · 김경협 · 윤후덕
인재근 · 유대운 · 배기운
이찬열 · 김광진 · 정호준
백재현 · 전순옥 · 우상호
이미경 · 조정식 · 부좌현
김동철 · 유성엽 · 전정희
정성호 · 김성곤 · 박기춘
김영록 · 추미애 · 김춘진
주승용 · 민홍철 의원(26인)

제안이유

인권이란 일반적으로 유엔의 세계 인권 선언(1948)을 기초로 작성된 유엔의 "시민적 및 정치적 권리에 관한 국제규약(자유권, 일명 B규약, 1973)"과 "경제적·사회적 및 문화적 권리에 관한 국제규약(생존권, 일명 A규약, 1966)"을 의미함.

북한 주민의 인권증진을 위해서는 자유권 증진과 생존권 증진이 함께 추진되어야 하며 자유권 증진은 대북인권대화로, 생존권 증진은 인도적 지원으로 접근되어야 함.

통일 전 서독은 프라이카우프를 통해 베를린 장벽이 붕괴될 때까지 정치범 3만 3천여 명과 그 가족 25만 명을 귀환시키는 등 압박이나 제재가 아닌 대화를 통해 동독의 인권문제를 개선시킴.

유럽연합의 경우도 2000년 이탈리아가 북한과 수교를 시작한 이래 지속적인 인도적 지원과 함께 인권대화를 개최, 2009년 북한 사회주의 헌법 개정에 처음으로 "인권"이라는 단어가 포함되게 함.

생존권 증진에는 정치적·군사적 상황과 연계되지 않는 글자 그대로의 인도적 지원이 절실함.

이에 우리 정부가 남북인권대화와 인도적 지원을 통해 북한 주민의 인권을 증진시킬 수 있도록 통일부를 북한 인권증진 업무 주무부서로 하는 이 법을 제정하고자 함.

주요내용

가. 북한 주민의 인권보호 및 증진을 위하여 남북인권대화와 인도적 지원사업에 필요한 사항을 규정함을 목적으로 함(안 제1조).

나. 인권의 개념을 유엔의 세계 인권 선언을 기초로 작성된 "시민적 및 정치적 권리(자유권, 일명 B규약)"와 "경제적·사회적 및 문화적 권리(생존권, 일명 A규약)"로 규정하여 자유권 증진과 생존권 증진이 함께 추진될 수 있도록 함(안 제3조).

다. 북한 인권증진이 대한민국의 책무임을 명시함(안 제4조).

라. 북한 주민, 제3국에 거주하는 북한 이탈 주민, 북한의 정치범, 납북자, 국군포로의 자유권 회복을 위해 북한 당국과 남북인권대화를 개최하도록 함(안 제6조).

마. 통일부에 인도적지원협의회를 설치하여 북한 주민에 대한 인도적 지원사업을 협의·조정하도록 함(안 제8조).

바. 북한 주민의 인권개선 사항과 관련된 각종 자료 및 정보의 수집·연구·보존·발간 등의 업무를 담당하기 위하여 통일부에 인권정보센터를 설치하도록 함(안 제10조).

북한인권증진법안

제1조(목적) 이 법은 북한 주민의 인권보호 및 증진을 위하여 남북인권대화와 인도적 지원사업에 필요한 사항을 규정함을 목적으로 한다.

제2조(기본원칙) ① 북한 주민의 인권보호 및 증진(이하 "북한인권증진"이라 한다)은 남북한 상호 간에 신뢰의 원칙에 따라 남북화해와 한반도의 평화정착을 위한 방향으로 조화롭게 추진되어야 한다.

② 북한 인권증진은 국민적 합의를 바탕으로 추진되어야 한다.

③ 북한 인권증진을 위한 인도적 지원은 국제적으로 인정되는 기준에 따라 투명하게 추진되어야 한다.

제3조(정의) 이 법에서 사용하는 용어의 뜻은 다음과 같다.

1. "자유권"이란 유엔 세계 인권 선언을 기초로 유엔이 정한 시민적 및 정치적 권리를 말한다.
2. "생존권"이란 유엔 세계 인권 선언을 기초로 유엔이 정한 경제적 사회적 및 문화적 권리를 말한다.
3. "남북인권대화"란 남북 당국이 북한 주민의 자유권 증진을 위해 실시하는 회담을 말한다.
4. "인도적 지원사업"이란 북한 주민의 생존권 증진을 위하여

행하는 다음 각 목의 어느 하나에 해당하는 사업을 말한다.

가. 식량 의약품 의료장비 건설장비 농업기술 등의 지원 사업

나. 북한 임산부 및 영유아 등 취약계층에 대한 지원 사업

다. 북한지역에서 발생한 「재난 및 안전관리 기본법」 제3조 제1호 각 목에 따른 재난에 대처하기 위한 긴급구호활동 사업

라. 그 밖에 북한 주민의 생존권적 인권증진을 위하여 실시하는 사업 중 대통령령으로 정하는 사업

5. "북한 임산부"란 북한에 거주하는 임신 중이거나 분만 후 6개월 미만의 여성을 말한다.
6. "북한 영유아"란 북한에 거주하는 6세 미만 아동을 말한다.
7. "북한 주민"이란 군사분계선 이북지역(이하 "북한")에 주소·직계가족·배우자·직장 등 생활의 근거를 두고 있는 자를 말한다.
8. "북한 이탈 주민"이란 북한에 주소·직계가족·배우자·직장 등을 두고 있는 사람으로서 북한을 벗어난 후 외국 국적을 취득하지 아니한 사람을 말한다.

제4조(국가의 책무) ① 국가는 북한 인권증진을 위해 노력해야 한다.

② 국가는 제3국에 거주하는 북한 이탈 주민의 보호를 위하여 외교적 노력을 다해야 한다.

③ 국가는 북한 인권증진을 위해 필요한 재원을 지속적이고 안정적으로 마련하여야 한다.

제5조(다른 법률과의 관계) 남북인권대화와 인도적 지원사업에 관하여 「남북교류협력에 관한 법률」「남북협력기금법」「남북관계 발전에 관한 법률」에 특별한 규정이 있는 경우를 제외하고는 이 법에서 정하는 바에 따른다.

제6조(남북인권대화의 추진) ① 정부는 북한 인권증진에 관한 중요사항에 관하여 남북인권대화를 추진하여야 한다.

② 남북인권대화의 대표 임명에 관하여 필요한 사항은 「남북관계 발전에 관한 법률」 제15조를 준용한다.

③ 그 밖에 남북인권대화의 추진을 위하여 필요한 사항은 대통령령으로 정한다.

제7조(인권대화자문위원회) ① 남북인권대화에 관한 사항을 자문하기 위하여 통일부에 인권대화자문위원회(이하 "위원회"라 한다)를 둔다.

② 위원회는 위원장을 포함한 10명 이내의 위원으로 구성하되, 위원장은 위원 중에서 호선하고, 위원은 국회에 교섭단체를 구성한 정당이 각각 같은 인원수를 추천한다.

③ 제1항 및 제2항에 따른 위원회의 구성 및 운영 등에 필요한 사항은 대통령령으로 정한다.

제8조(인도적지원협의회) ① 인도적 지원에 관한 정책을 협의·조정하고, 다음 각 호의 사항을 심의·의결하기 위하여 통일부에 인도적 지원협의회(이하 "협의회"라 한다)를 둔다.

1. 인도적 지원에 관한 중요정책의 협의·조정
2. 북한 임산부 및 영유아에 대한 건강증진 프로그램, 식량, 의약품, 의료장비, 의류 등의 지원사업
3. 인도적 지원에 관한 기본계획 및 집행계획의 수립
4. 인도적 지원에 관한 외국정부·국제기구·국제단체·지방자치단체·민간단체 등과의 협력에 관한 사항
5. 관련 부처 간의 협조가 필요한 인도적 지원에 관한 사항
6. 집행계획의 중단과 재개에 관한 사항

7. 대북 인도적 지원을 실시하는 민간단체 지원에 관한 사항

8. 그 밖에 위원장이 회의에 부치는 사항

② 협의회는 위원장 1명을 포함한 16명 이내의 위원으로 구성한다.

③ 위원장은 통일부장관이 되고, 위원은 다음 각 호의 어느 하나에 해당하는 사람 중에서 국무총리가 임명하거나 위촉한다. 이 경우 10인 이상은 제2호에 해당하는 사람으로 한다.

1. 관계 부처의 차관 또는 차관급 공무원

2. 「비영리민간단체지원법」 제2조에 따른 비영리민간단체에서 5년 이상 북한 인도적 지원사업을 한 경험이 있는 민간 전문가 중에서 국회에 교섭단체를 구성한 정당이 추천하는 사람

④ 그 밖에 협의회의 구성 및 운영 등에 필요한 사항은 대통령령으로 정한다.

제9조(인도적지원사무소의 설치) ① 북한 인권증진에 관한 정책을 수행하기 위하여 통일부에 인도적지원사무소(이하 "사무소"라 한다)를 둔다.

② 사무소는 다음 각 호의 사항을 수행한다.

1. 인도적지원협의회의 결정 사항에 대한 집행

2. 국군포로 납북자 이산가족의 생사 주소확인, 서신교환과 상봉 및 송환에 관한 업무

3. 관계 부처 간의 협조가 필요한 인도적 지원사업과 관련된 중요사항

4. 국내의 각종 기관 단체들이 행하는 제1호와 제2호의 업무에 대한 기획 조정

5. 그 밖에 인도적 지원사업을 위하여 필요하다고 대통령령으로 정하는 사항

③ 사무소에는 소장 1명을 두며, 소장은 고위공무원단에 속하는 공무원 또는 인도적 지원사업과 관련하여 학식과 경험이 풍부한 민간 전문가 중에서 통일부장관이 임명한다.

④ 사무소의 구성 운영 등에 관하여 필요한 사항은 대통령령으로 정한다.

제10조(인권정보센터의 설치) ① 북한 주민 인권의 인권개선에 관한 정보를 수집·보존하기위하여 통일부 내에 인권정보센터(이하 "정보센터"라 한다)를 둔다.

② 정보센터는 다음 각 호의 사항을 수행하고 각종 자료 및 정보의 수집·연구·보존·발간 등을 담당한다.

1. 북한 주민 인권실태 조사·연구와 관련된 사항
2. 북한 주민 인권문제 해결을 위한 정책대안 개발과 관련된 사항
3. 북한 주민 인권개선을 위한 국제 교류 및 협력 활동과 관련된 사항
4. 국군포로, 납북자, 이산가족과 관련된 사항

③ 제2항 제1호 사업에 대해서는 외부기관에 위탁할 수 있다. 이 경우 예산의 범위에서 필요한 경비를 지원할 수 있다.

④ 정보센터는 발간한 자료에 대하여 국회가 요청할 경우, 이를 즉시 제공하여야 한다.

⑤ 정보센터에는 소장 1명을 두며, 소장은 고위공무원단에 속하는 공무원 또는 북한 인권과 관련하여 학식과 경험이 풍부한 민간 전문가 중에서 통일부장관이 임명한다.

⑥ 정보센터의 구성 운영 등에 관하여 필요한 사항은 대통령령으로 정한다.

제11조(관련 기관 등의 협조) ① 통일부장관은 북한 인권증진에 관한 업무와 관련하여 다른 행정기관과 공공단체, 관련 인사에 대하여 자료제출, 의견진술, 그 밖에 정책수행에 필요한 사항에 대한 협조를 요청할 수 있다.

② 제1항의 요청을 받은 행정기관 및 공공단체의 장, 관련 인사는 특별한 사유가 없는 한 이에 응하여야 한다.

③ 관계 중앙행정기관 또는 지방자치단체의 장은 이 법에 따른 업무와 관련된 내용을 포함하고 있는 법령 및 조례 등을 제정하거나 개정하려는 경우 미리 통일부장관에게 통지하여야 한다.

제12조(국회보고) ① 통일부장관은 매년 북한 인권증진에 관하여 다음 각 호의 사항을 정기회 전까지 국회에 보고하여야 한다.

1. 북한 주민 인권실태
2. 남북인권대화 추진 결과 및 개선 상황
3. 국군포로, 납북자의 송환, 이산가족의 상봉 등에 관한 계획의 수립 추진 상황
4. 북한 임산부 및 영유아 등 취약계층을 포함한 북한 주민들

의 기본적인 인권보호 및 생활유지를 위한 식량 비료 의약품·의료 기자재 등에 관한 지원계획의 수립 추진 상황

5. 북한 주민들의 생활유지 및 자립을 위해 필요한 기술 기계 등 기자재 제공과 이에 관한 교육 등에 관한 지원계획의 수립 추진 상황

6. 제1호부터 제5호까지 규정된 업무와 관련하여 국가 지방자치단체 및 공공기관이 수행한 사업 내역과 시행결과 및 평가

7. 그 밖에 북한 인권증진에 관하여 필요하다고 통일부장관이 인정하는 사항

② 국회는 필요한 경우 제1항에 따른 정부의 보고에 대해 시정 또는 개선을 권고할 수 있다.

부 칙

이 법은 공포 후 6개월이 경과한 날부터 시행한다.

외쳐! 북한 주민의 '자유와 인권'을 위하여

우리의 캠페인은 끝났다.

아니, 아직 끝나지 않았다.

북한인권법이 여전히 대한민국 국회에서 잠자고 있기 때문이다.

아니, 2천500만 북한 주민들이 여전히 고통과 억압 속에 있기 때문이다.

우리는 포기하지 않을 것이다. 북한 주민이 자유와 인권을 누릴 그 날까지.

대한민국 국회는 즉시 '북한인권법'을 제정하라!

부록

미국 북한인권법,
일본 북한인권법

미국 북한인권법 전문

제1장 북한 주민의 인권 신장

제101조 북한과의 협상에 대한 의회의 입장

북한 인권은 미국, 북한 그리고 동북아시아의 다른 주요 당사국 간의 장래협상에서 중요한 요소가 되어야 한다는 것이 미 의회의 입장이다.

제102조 인권과 민주주의 프로그램 후원

(a) 후원—대통령은 북한에서 인권, 민주주의, 법치, 시장경제 발

• 동 법은 2004.7.21.과 2004.9.28.에 하원과 상원에서 만장일치로 통과되었으며, 일부 내용의 수정을 거쳐 2004.10.18. 조지 W. 부시(George W. Bush) 대통령이 서명하였다.

•• 법안 번역본 출처: '사단법인 북한인권시민연합' 누리집(http://www.nkhumanrights.or.kr)

전을 위한 프로그램을 후원하는 민간·비영리단체에 보조금을 지급할 권한을 갖고 있다. 그 프로그램에는 다른 법에서 달리 금지되지 않는 정도의 범위 내에서 북한 주민들의 적절한 교육적·문화적 교환프로그램이 포함될 수 있다.

(b) 비용지출 권한

(1) 개요—대통령은 2005년 회계연도부터 2008년까지 이 프로그램을 실행할 수 있도록 매년 200만 달러를 사용할 권한을 갖고 있다.

(2) 가용성—문단 (1)의 지출권한에 따라 책정된 액수는 다 사용될 때까지 가용하다.

제103조 對北 라디오 방송

(a) 의회의 입장—미국은 대북 라디오 방송에 대한 후원 증가를 통해 북한에서 정보가 방해받지 않고 퍼져나갈 수 있도록 해야 하고 방송위원회는 라디오자유아시아(RFA)와 미국의 목소리(VOA) 방송을 포함, 대북방송을 하루 12시간까지 증가시켜야 한다는 것이 의회의 입장이다.

(b) 보고서—이 법 발효 후 120일 내에 방송위원회는 적절한 의회위원회에 다음과 같은 내용의 보고서를 제출해야 한다.

(1) 현재 미국의 대북방송 현황

(2) 대북방송을 하루 12시간까지 증가시키기 위한 기술적·재정적

필요 등의 대북방송 증가 계획

제104조　정보의 자유 증진을 위한 조치들

(a) 조치들—대통령은 북한 내부에서 북한 외부의 방송을 들을 수 있는 라디오를 포함, 북한 당국에 의해 통제되지 않는 정보를 접할 수 있도록 북한 내부에서 정보입수 가능성을 증가시키는 데 필요한 조치를 행할 권한을 갖고 있다.

(b) 비용지출 권한

(1) 개요—(a) 항의 조치들을 위해 대통령은 2005년 회계연도부터 2008년까지 매년 200만 달러를 사용할 권한을 갖고 있다.

(2) 가용성—(1) 항의 지출권한에 따라 책정된 액수는 다 사용될 때까지 가용하다.

(c) 보고서—이 법 발효 후 1년 내 그리고 그 이후 3년의 기간 동안 매년 미 국무장관은 적절한 연방부처의 국장들과 협의를 한 후 적절한 의회 위원회에 이 조항에 따라 취해진 조치들에 대해 비밀형태로 보고서를 제출한다.

제105조　유엔인권위원회

유엔은 북한 인권개선을 위해 다음과 같은 중요한 역할을 하고 있다는 것이 의회의 입장이다.

(1) 유엔인권위원회(UNHCR)는 북한 인권상황에 대한 2003/10 결

의안과 2004/13 결의안을 채택하고 특히, 유엔 인권상황에 대한 특별보고관 임명을 요청하는 긍정적인 조치를 취했다.

(2) 북한 내부에서 행해지는 심각한 인권침해는 임의감금에 대한 유엔실무그룹, 강제적·비자발적 실종에 대한 유엔실무그룹, 비합법적 즉결재판 혹은 임의적 사형에 대한 특별보고관, 식량권리에 대한 특별보고관, 의사표현의 자유증진과 보호를 위한 특별보고관, 종교 혹은 신앙의 자유에 대한 특별보고관과 여성폭력에 대한 특별보고관에 의해 특별주의와 보고가 이뤄지고 있다.

제106조　지역적 구도 마련

(a) 현황 파악—의회는 인권보호 노력이 인권, 과학 및 교육 협력, 경제·통상 문제를 협의하기 위해 만들어진 지역적 구도인 유럽안보협력기구(OSCE)와 같은 다자적 형태를 통해 이뤄질 수 있다고 본다.

(b) 의회의 입장—미국은 헬싱키 과정과 같이 이 지역의 모든 국가들이 인권과 근본적 자유를 존중하는 데 공통적으로 노력하는 지역적 차원의 대북인권협상의 구도를 개발해야 한다는 것이 의회의 입장이다.

제107조　북한인권담당 특사

(a) 특사—대통령은 국무성 내에 북한 인권 담당 특사를 임명한다(이

하 '특사'로 칭함). 이 특사는 인권분야에서 탁월한 능력을 가진 사람이어야 한다.

(b) 주된 목적—특사의 주된 목적은 북한 주민의 근본적인 인권향상을 위한 노력을 조정하고 증진하는 것이다.

(c) 의무와 책임

특사는 (1) 북한관리와 인권에 대한 토의에 관여한다.

(2) 미국과 유엔, 유럽연합, 북한 그리고 동북아의 다른 국가 간 협의와 토론 등 북한의 인권개선과 정치적 자유 증진을 위한 국제적 노력을 후원한다.

(3) 북한 인권문제를 다루고 있는 비정부기구(NGO)와 협의한다.

(4) 제102조에서 인정된 활동들에 대한 재정후원과 관련, 조언을 한다.

(5) 기술훈련·교환프로그램을 포함, 북한 인권보호 향상을 위한 전략을 검토한다.

(6) 유엔인권위원회 결의안 2004/13 이행을 지원하는 행동계획을 발전시킨다.

(d) 조치들에 대한 보고서—이 법 발효 후 180일 이내 그리고 향후 5년간의 기간 중 매년, 특사는 하부조항(c)에 따라 지난 12개월 동안 취해진 조치들에 대한 보고서를 적절한 의회 위원회에 제출한다.

제2장 어려움에 처해 있는 북한 주민 지원

제201조 미국의 인도적 지원에 대한 보고서

(a) 보고서—이 법 발효 후 180일 이내 그리고 그 이후 2년의 기간 중 매년 미 국제개발처(USAID) 처장은 미 국무장관과 함께 다음의 내용을 담고 있는 보고서를 적절한 의회 위원회에 제출한다.

(1) 북한 내부와 북한 밖에 있는 북한 주민에게 제공하는 인도적 지원에 대한 모든 조치

(2) 제202조 (b)항의 (1)부터 (4)까지 밝힌 조건들을 맞추기 위한 개선 등 이전 1년의 기간 동안 북한 내에서 이뤄진 인도적 지원의 투명성, 감시, 접근 등의 향상된 내용

(3) 미국과 WFP를 포함한 미국의 승인을 받은 자의 인도적 투명성 개선, 감시 및 북한 내 접근 확보를 위한 지난 1년간의 구체적인 노력

(b) 서식—(a) (1)항에서 요구하는 정보는 필요시 비밀 분류된 서식으로 제출해야 한다.

제202조 북한 내부에 제공하는 지원

(a) NGO와 국제기구를 통한 인도적 원조—의회의 입장

(1) 의회가 인도적 근거로 북한 주민들에게 인도적 원조를 제공을 지지함과 동시에 그와 같은 원조를 제공하고 정치적 또는 군사적 용도로 전용될 가능성을 극소화하고, 가장 취약한 북한 주민들에

게 전달될 가능성을 극대화하기 위하여 감시해야 한다.

(2) 북한 내에서 전달한 미국의 인도적 원조를 위한 미국의 지원이 현 수준을 상당히 초과할 경우 투명성, 감시 및 북한전역의 취약한 인구에 대한 접근의 실질적인 개선을 조건으로 지원해야 한다.

(3) 미국은 북한에 식량과 인도적 원조를 제공하는 다른 나라들에 북한정권에 직접 쌍무적으로 전달하기보다 감시되고 투명한 경로를 통하도록 권장한다.

(b) 북한정권에 대한 미국 지원—의회의 입장

(1) 북한정권의 어느 부처나 기관에 대한 미국의 인도적 원조는

(A) 국제적으로 인정받은 인도적 기준에 따라 전달, 분배, 감시돼야 한다.

(B) 필요에 따라서 제공돼야 하며 정치적 보상이나 억압수단으로 사용돼선 안 된다.

(C) 소정의 수혜자에게 도달해야 하며, 원조의 근원을 알려야 한다.

(D) 북한에서 가장 취약한 모든 집단에서 어느 지역에 있든지 이용 가능해야 한다.

(2) 북한에 대한 비인도적 원조는 다음 사항에 대한 북한의 실질적 진보를 조건으로 이행해야 한다.

(A) 종교의 자유를 포함한 북한 주민의 기본적 인권 존중

(B) 북한 주민과 미국 내 후손 및 친척의 가족상봉 주선

(C) 북한정부에 의해 납치된 일본과 한국 국민에 대한 모든 정보의 완전 공개

(D) 일본인과 한국인 피랍자들이 가족을 동반하여 북한을 떠나 귀국할 수 있는 완전하고 순수한 자유의 허용

(E) 북한 감옥과 강제노동수용소 체제의 개혁 및 독립적 국제기관의 개혁 감시

(F) 정치적 표현과 활동의 해금

(c) 보고—이 법안의 발효일로부터 180일 이내에 국제개발처(AID) 처장은 이 조항의 이행상태를 설명하는 보고서를 의회의 관련 위원회에 제출해야 한다.

제203조 북한 밖에서 제공하는 지원

(a) 원조—대통령은 탈북주민들에게 인도적 원조를 제공하는 기구나 개인을 원조할 권한이 있다.

(b) 원조의 형태—(a)에 의해 제공되는 원조는 다음의 사상을 제공하는 데 사용돼야 한다.

(1) 북한 난민, 망명자, 이주자 및 고아에 대한 북한 밖에서의 인도적 원조, 난민촌이나 임시 정착지에 대한 지원을 포함할 수 있다.

(2) 2000 인신매매피해자보호법(미 연방법 제22장 제7102조)의 제103장에 규정된 인신매매 피해를 입었거나 위험에 처한 여성에 대한 인도적 원조.

(c) 세출 승인

(1) 개요—본 용도로 사용될 다른 펀드에 추가하여 2005년부터 2008년까지 이 조항을 시행하도록 대통령에게 매 회기연도에 2천만 달러씩 배정한다.

(2) 가용성—(1)항에 의한 지출승인에 따른 지출금액은 집행할 때까지 계속 사용가능 상태로 있을 수 있다.

제3장 북한 난민 보호

제301조 난민과 망명자에 대한 미국 정책

(a) 보고—법안 발효일로부터 120일 이내에 국무장관은 관련 연방 부처장과 협의하여 탈북난민(North Korean refugees)의 상황과 탈북민(North Korean nationals outside of North Korea)에 대한 미국정부 정책을 설명하는 보고서를 의회의 관련 분과위원회 및 하원과 상원 법사위원회에 제출해야 한다.

(b) 내용—보고서는 다음 사항을 포함해야 한다

(1) 특히 중국에서 은신 중인 탈북난민과 이주민(migrants)이 직면하고 있는 상황과 이들이 북한으로 강제 송환될 경우 직면할 상황에 대한 평가

(2) 중국 내 탈북주민이 유엔난민고등판무관에게 실질적으로 접근할 수단을 갖고 있는지, 그리고 중국정부가 난민지위에 관한

1951년 협약, 특히 동 협약의 제31, 32, 33조의 의무를 이행하고 있는지에 대한 평가

(3) 북한 주민들이 미국의 난민과 망명 절차를 아무 제약 없이 밟을 수 있는지 그리고 미국 대사관이나 영사관에 나타나서 난민이나 망명희망자로서의 보호와 미국 이주를 요청하는 북한 주민들에 대한 미국 정책에 대한 평가

(4) 과거 5년 동안 매년 난민 또는 망명자로 미국에 입국한 북한 주민들의 총 숫자

(5) 미국 시민과 가족관계를 가진 북한 주민들의 추정 숫자

(6) 국무장관이 제303조 이행을 위해 취한 조치들의 내역

(c) 양식—(b)항 (1)~(5)에서 요구되는 정보는 일반서식으로 제출한다. (b)항 (6)이 요구하는 정보의 전부나 일부는 필요할 경우 비밀분류된 서식으로 제출해야 한다.

제302조　난민 또는 망명 검토 신청요건

(a) 목적—이 조의 목적은 북한 주민들이 미국에서 난민지위나 망명을 신청할 때 대한민국 헌법에 따라 누릴 수 있는 시민권 취득을 위한 어떤 법적 절차에서도 금지되지 않는 것을 명시하기 위한 것이다. 북한 주민들이 한국 헌법에 따라 누릴 수 있는 시민권 취득권한은 어떤 경우에도 침해당해서는 안 되며, 이런 권리를 행사하는 예전 북한국적자(North Korean nationals)들에게 적용하기 위한

것이 아니다.

(b) 북한국적자에 대한 대우—이민귀화법(미 연방법 제8장 제1157조) 제207조의 난민지위와 동법 제208조(미 연방법 제8장 제1158조)의 망명 신청의 목적으로 북한 국적자를 대한민국 국적자로 간주하지 않는다.

제303조 난민인정신청 제출촉진

국무장관은 (이민귀화법(미 연방법 제8장 제1101조(a))의 제101조 (a)에 규정된) 난민으로서 보호를 요청하는 북한 주민들의 동법(미 연방법 제8장 제1157조) 제207조에 따른 신청서 제출을 촉진해야 할 의무가 있다.

제304조 유엔난민고등판무관

(a) 중국에서의 조치—의회의 입장

(1) 중국정부는 유엔난민고등판무관(UNHCR)에게 탈북주민들이 난민인지와 도움을 필요로 하는지를 1951년 난민지위에 관한 유엔협약, 난민지위에 대한 1976년 의정서, 중화인민공화국 내 UNHCR대표부를 중화인민국 내 UNHCR지소로 승격시킨 1995년 협정의 제3조 5항에 따라 결정하기 위해 국경 내의 탈북주민들을 접촉할 때 방해받지 않는 권한을 부여해야 할 의무가 있다.

(2) 미국, 기타 UNHCR 지원 정부, UNHCR은 중국에 자국 내 탈북난민들에 대한 무제한 접근권을 UNHCR에 허용하도록 한 이전 협약을 준수하도록 줄기차게 최고수준으로 계속 촉구해야 한다.

(3) UNHCR은 난민보호 의무의 효과적인 수행을 위해 중국 내 탈북주민들에게 인도적 원조를 제공한 상당한 경험을 가진 전문가나 선교사를 자유롭게 활용해야 한다.

(4) UNHCR은, 난민보호 의무의 효과적인 수행을 위해, 중국 내 탈북주민들에게 인도적 원조를 제공한 검증된 기록을 가진 적절한 비정부기구들과 자유롭게 계약을 맺어야 한다.

(5) UNHCR은 탈북난민들에게 안전한 피난처와 원조를 제공하는 효과적인 '첫 망명' 정책을 채택하기 위해 다자간협정을 추진해야 한다.

(6) 중국정부가 탈북난민에 대한 자국의 의무를 적극적으로 이행하기 시작하면 미국을 포함한 모든 국가들과 관련 국제기구들은 탈북난민 거주에 소요되는 경비 부담을 돕기 위해서 중국 내에서의 인도적 원조 수준을 높여야 한다.

(b) 중재절차—의회의 추가 입장

(1) 중국정부가 자국 내에 있는 탈북민들에 대한 유엔난민고등판무관(UNHCR)의 접근을 계속 거절한다면 UNHCR은 UNHCR 설립협정 16조에 따라 중재절차를 시작하고 중재자를 임명해야 한다.

(2) 난민에 대한 접근은 UNHCR의 권한과 UNHCR 지사(支社)의 목적에 있어서 본질적인 것이기 때문이다. UNHCR이 현 상황에서 중재권을 주장하지 못하는 것은 UNHCR의 핵심적인 책임 중 하나를 포기하는 것이다.

제305조 연례보고서

(a) 이민정보—이 법 발효 후 1년 이내에 그리고 그 후 5년 동안 매 12개월마다 미 국무장관과 국토안보부 장관은 전해에 이 제목으로 이뤄진 활동에 대해 적절한 의회 위원회와 미 상하원 법사위에 다음과 내용을 담은 공동보고서를 제출한다.

(1) 정치적 망명을 신청한 북한 주민의 수와 정치적 망명이 승인된 수

(2) 난민지위를 신청한 북한 주민의 수와 난민지위를 인정받은 수

(b) 특별 관심 국가들—대통령은 이민·국적법의 제207조(d)(미 연방법 제8장 제1157조(d))에 따른 난민허용에 대한 연례보고서에 1988 국제종교자유법 제402조(b)(미 연방법 제22장 제6442조(b))에 따라 밝혀진 종교의 자유 침해 국가들에서 도망한 사람들이 미국의 난민 프로그램에 접근할 수 있도록 한 구체적 조치에 대한 정보를 담는다. 그 보고서는 특별관심 대상국을 대상으로 그 국가의 국적인 혹은 전에 습관적으로 거주했던 사람들이 다음에 기초한 난민결정에 접근하는 것에 대한 설명을 포함한다.

(1) 외부 기관에 의한 난민결정 위탁

(2) 난민재정착을 위해 미국에 특별한 인도적 관심대상으로 생각되는 단체들

(3) 미국과 연계된 가족

납치문제 및 기타 북한 당국에 의한 인권침해 문제에의 대처에 관한 법률

법률 제96호, 2006년 6월 23일

목적

제1조

이 법률은, 2005년 12월 16일 유엔총회에서 채택된 북한의 인권상황에 관한 결의에 입각하여 우리나라의 긴요한 국민적 과제인 납치문제의 해결을 비롯한 북한 당국에 의한 인권침해 문제에의 대처가 국제사

- 법안 번역본 출처: '사단법인 성공적인통일을만들어가는사람들' 누리집(http://www.pscore.org)

회와 함께 해결 노력을 해야 할 과제임을 감안하여, 북한 당국에 의한 인권침해 문제에 관한 국민의 인식을 깊게 하는 것과 함께, 국제사회와 연계하면서 북한 당국에 의한 인권침해 문제의 실태를 해명하고 그 억제를 도모하는 것을 목적으로 한다.

국가의 책무

제2조

1. 국가는 북한 당국에 의한 국가적 범죄 행위인 일본 국민 납치문제(이하 '납치문제'라 함)를 해결하기 위해 최대한의 노력을 하여야 한다.
2. 정부는 북한 당국에 의해 납치된 또는 납치된 것으로 의심되는 일본국민의 안부 등에 대하여 국민을 상대로 널리 정보의 제공을 요구하는 것과 함께 스스로 철저한 조사를 실시해, 그 귀국의 실현에 최대한의 노력을 하여야 한다.
3. 정부는 납치문제 및 기타 북한 당국에 의한 인권침해 문제에 관해 국민 여론의 계발을 도모함과 함께, 그 실태의 해명에 힘써야 한다.

지방 공공단체의 책무

제3조

지방공공단체는 국가와 연계를 도모하면서, 납치문제 및 기타 북한 당국에 의한 인권침해 문제에 관한 국민 여론의 계발을 도모하도록 힘써야 한다.

북한인권침해문제 계발 주간

제4조

1. 국민 사이에 널리 납치문제 기타 북한 당국에 의한 인권침해 문제에 대한 관심과 인식을 깊게 하기 위해, 북한 인권침해 문제 계발 주간을 둔다.
2. 북한 인권침해 문제 계발 주간은 12월 10일부터 동월 16일까지로 한다.
3. 국가 및 지방공공단체는 북한 인권침해 문제 계발 주간의 취지에 어울리는 사업이 실시되도록 힘써야 한다.

연차 보고

제5조

정부는 매년 국회에 납치문제의 해결 및 기타 북한 당국에 의한 인권침해문제에의 대처에 관한 정부의 해결 노력에 대한 보고를 제출함과 함께 이를 공표하여야 한다.

국제적인 연계의 강화 등

제6조

1. 정부는 북한 당국에 의해 납치되거나, 또는 납치되었다고 의심되는 일본 국민, 탈북자(북한을 탈출한 자로서 인도적 견지에서 보호 및 지원이 필요하다고 인정되는 자를 말함. 차항 동일) 기타 북한 당국에 의한 인권침해 피해자에 대한 적절한 시책을 강구하기 위해, 외국 정부 또는 국제기관과의 정보 교환, 국제수사 공조, 기타 국제적인 연계의 강화에 힘씀과 함께, 이들에 대한 지원 등의 활동을 실시하는 국내외 민간단체와의 밀접한 연계의 확보에 힘써야 한다.
2. 정부는 탈북자의 보호 및 지원에 관해 시책을 강구하도록 힘써야 한다.
3. 정부는 제1항에서 정하는 민간단체를 상대로 필요에 따라 정보의 제공, 재정상의 배려, 기타 지원을 실시하도록 힘써야 한다.

북한 당국에 의한 인권침해상황이 개선되지 않을 경우의 조치

제7조

정부는, 납치문제 및 기타 북한 당국에 의한 일본 국민에 대한 중대한 인권침해 상황에 대하여 개선이 도모되고 있지 않다고 인정될 때에는, 북한 당국에 의한 인권침해 문제에의 대처에 관한 국제적 동향 등을 종합적으로 감안하여, 특정 선박의 입항 금지에 관한 특별조치법(2004

년 법률 제125호) 제3조 제1항의 규정에 따른 조치, 외국환 및 외국무역법(1949년 법률 제228호) 제10조 제1항의 규정에 따른 조치, 기타 북한 당국에 의한 일본 국민에 대한 인권침해의 억제를 위해 필요한 조치를 강구해야 한다.

부칙

이 법률은 공포일로부터 시행한다.

(내각 총리, 총무, 법무, 외무, 대무, 경제산업, 국토교통 대신 서명)

외쳐!

펴낸날 초판 1쇄 2015년 10월 12일

지은이 인지연
펴낸이 김광숙
펴낸곳 백년동안
출판등록 2014년 3월 25일 제406-2014-000031호

주소 경기도 파주시 광인사길 30
전화 031-941-8988
팩스 070-8884-8988
이메일 on100years@gmail.com

ISBN 979-11-86061-38-1 03340

※ 값은 뒤표지에 있습니다.
※ 잘못 만들어진 책은 구입하신 서점에서 바꾸어 드립니다.

이 도서의 국립중앙도서관 출판시도서목록(CIP)은 서지정보유통지원시스템 홈페이지
(http://seoji.nl.go.kr)와 국가자료공동목록시스템(http://www.nl.go.kr/kolisnet)에서
이용하실 수 있습니다.(CIP제어번호: CIP2015026692)